この本の特色としくみ

本書は，中学の国文法の内容を3段階のレベルに分け，ステップ式で学習できる問題集です。各単元は，Step1（基本問題）とStep2（標準問題）の順になっており，学習内容のまとまりごとにStep3（実力問題）があります。また，巻末には「高校入試 総仕上げテスト」を設けているため，入試本番に向けた実戦的な対策にも役立ちます。

重要点をつかもう

Step1の上段に問題を解く上で必要な重要項目を簡潔にまとめています。まずはここを読んで理解しましょう。

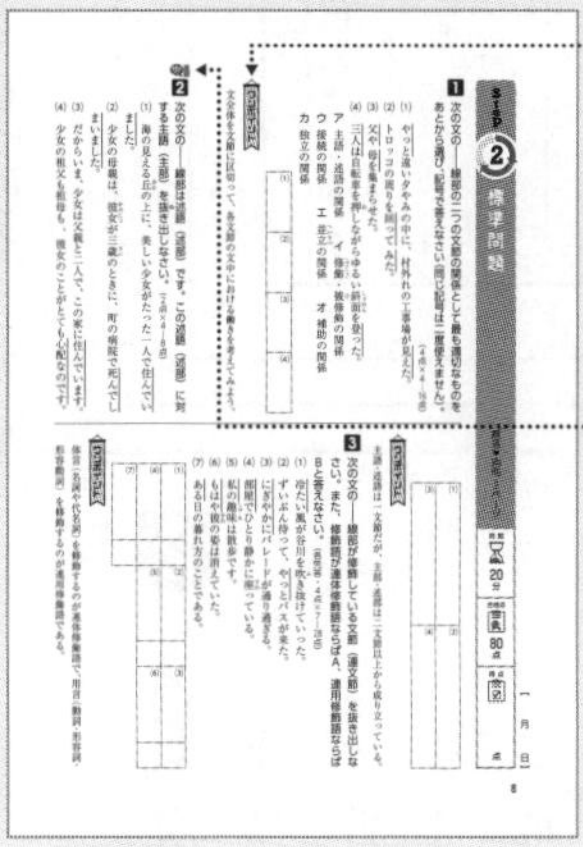

ワンポイント

問題のヒントや注意する点について解説しています。

重要

特に重要な問題につけています。

記述式

記述式の問題につけています。

難問

特に難しい問題につけています。

もくじ

本書に関する最新情報は，小社ホームページにある**本書の「サポート情報」**をご覧ください。（開設していない場合もございます。）
なお，この本の内容についての責任は小社にあり，内容に関するご質問は直接小社におよせください。

第1章　文法の基礎《きそ》

1 文・文節・単語

【　月　日】

◆文、文節、単語の性質や違《ちが》いについて理解しよう。
◆文を適切な文節に区切ることができるようになろう。

重要点をつかもう

■ 言葉の単位

1 **文章**…まとまった内容をもって表現された**最も大きな言葉の単位**。

2 **段落**…文章の中で**一区切りの内容**をもつ言葉の単位。内容上から「形式段落」と「意味段落」とに分けられる。

3 **文**…いくつかの**意味のまとまり**で構成されている言葉の単位。文を書き表すときは、終わりに句点（。）をつける。

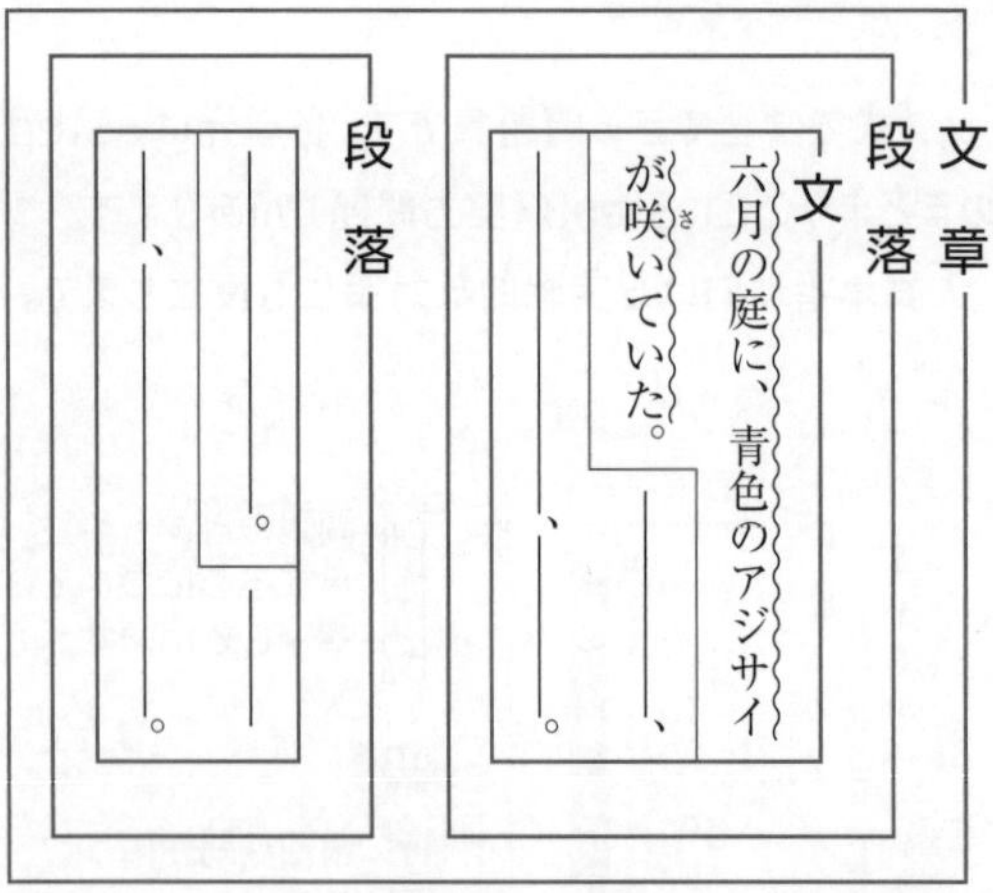

Step 1 基本問題

解答▼別冊 1ページ

1 ［文］次の文章は、いくつの文から成り立っていますか。文末に句点を補い、文の数を漢数字で答えなさい。

昨日、私は家族と一緒《いっしょ》に近所の川沿いにある桜並木で花見をした美しい景色を楽しんでいたとき、どうして川沿いに桜が植えられているのだろうと疑問に思ったので、帰宅してから調べたすると、川が氾濫《はんらん》しやすかった江戸《えど》時代に報酬《ほうしゅう》を与《あた》えることなく多くの人に土手を踏《ふ》み固めてもらうため、桜を川沿いに植えたことがわかった

［　　］

2 ［文節］次の文の文節の区切り方として最も適切なものを選び、記号で答えなさい。

(1) 昨日、私は映画に行きました。

ア 昨日、私　は　映画　に　行き　まし　た。
イ 昨日、私は　映画に　行き　ました。
ウ 昨日、私は　映画に　行きました。
エ 昨日、私は　映画に　行きまし　た。

［　　］

(2) 誰《だれ》もいないのでとても静かだ。

ア 誰　も　いない　ので　とても　静かだ。
イ 誰も　いない　ので　とても　静かだ。
ウ 誰も　いないので　とても　静か　だ。
エ 誰も　いないので　とても　静かだ。

［　　］

4 文節…発音や意味の上から、それ以上区切ると不自然になる文の一区切り。

六月の（文節）（ネ）庭に（文節）（ネ）、青色の（文節）（ネ）アジサイの（文節）（ネ）花が（文節）（ネ）美しく（文節）（ネ）咲いて（文節）（ネ）いた（文節）。〔八文節〕

〈文節の切れ目には、「ネ」「サ」「ヨ」をつけることができる。〉

5 単語…それだけで意味や働きをもつ最も小さい言葉の単位。

六月（単語）の（単語）公園（単語）に（単語）、青色（単語）の（単語）アジサイ（単語）の（単語）花（単語）が（単語）美しく（単語）咲い（単語）て（単語）い（単語）た（単語）。

〈単語は、それぞれ品詞に分けることができる。〉

> 六月（名詞）の（助詞）公園（名詞）に（助詞）、青色（名詞）の（助詞）アジサイ（名詞）の（助詞）花（名詞）が（助詞）美しく（形容詞）咲い（動詞）て（助詞）い（動詞）た（助動詞）。

重要

3 [文節] 次の文を例にならって文節に分けなさい。

例 一軒《けん》の｜家が｜建って｜いる。

(1) 森の中はひっそりと静まりかえっていた。

(2) そこにはまっ白くて大きなお城があった。

(3) その城の王様はとても情け深い王様なのである。

(4) そして、かわいらしいお姫《ひめ》様をとても愛しているようだ。

(5) 春の日差しが降りそそぎ、お城の庭で遊ぶお姫様はとても幸せそうにみえた。

4 [単語] 次の文の単語の区切り方として最も適切なものをあとから選び、記号で答えなさい。

朝に冷たい雨が降ります。

ア 朝に　冷たい　雨が　降ります。

イ 朝　に　冷たい　雨　が　降ります。

ウ 朝　に　冷たい　雨　が　降り　ます。

エ 朝　に　冷　たい　雨　が　降り　ます。

〔　　〕

重要

5 [単語] 次の文を例にならって単語に分けなさい。

例 一軒｜の｜家｜が｜建っ｜て｜いる。

(1) 丘《おか》の上に赤い屋根の家があった。

(2) 花壇《かだん》には赤いチューリップの花が咲いていた。

(3) アゲハチョウがひらひら飛んできて、花にとまった。

(4) 近所のあちらこちらに色とりどりの花が咲き、春の訪《おとず》れを感じる。

(5) 庭の西側には大きな犬小屋があり、一ぴきの犬が鎖《くさり》につながれながら、のどかに昼寝《ひるね》をしているようだった。

解答▼別冊1ページ

時間 20分　合格点 80点　得点 点

【 月 日】

1 次の文章を意味の上から二つに分け、後段のはじめの五文字を答えなさい。ただし、句読点等も字数に含《ふく》めます。(5点)

一体、あの木は、どのくらい離《はな》れていたのだろうか？ 私には、ひとつひとつの葉がみえたわけではない。枝も一本一本、すべて、区別がついたわけではない。だが、ある部分は、ずいぶんこまかいところまで、見わけられた。私は、木の全体をみる。幹、それから大きな枝。こまかい枝。葉のむらがった形。私は、そのひとつひとつを正確にかきたく思う。しかし、こまったことに、大きな枝の位置がきまったと思うと、それに対して枝をかきこみ、葉をかきそえていくうちに、全体の大きさの比率がまるで狂《くる》ってくる。私はさんざんかきなおしたのち、ついにまったく第一歩からやりなおす。それをやっているうちに気がついたのだが、色が、また、問題だ。私は自分の目をひきつけ、心をよろこばせた全体の色あいと、風に吹《ふ》かれて踊《おど》る葉や枝の色の変化をなんとかして、絵の中に入れようとするのだが、どうしても同じ色にならないのである。

(吉田秀和《よしだひでかず》「一本の木」)

ワンポイント

段落と段落の接続関係に注意しながら、二つの意味段落に分ける。

2 次の文章はいくつの文からできていますか。文の数を答えなさい。なお、句点はすべて省略しています。(5点×4—20点)

(1) 朝起きてみると、庭のアサガオの白い花が五輪開いていました赤と青のアサガオは、まだつぼみのままでしたが、つぼみの先が少し色づいているので、もうすぐ開くことでしょう

(2) 藤棚《ふじだな》は大きい池に大小二つ、小さい池に一つあってその小さい池の花がひときわ勝《すぐ》れていた紫《むらさき》が濃《こ》く、花が大きく、房《ふさ》も長かった棚《たな》はもう前のほうは崩《くず》れて、そこの部分の花は水にふれんばかりに、低く落ちこんで咲《さ》いていた

(幸田文《こうだあや》「木」)

(3) まだ陽《ひ》は沈《しず》まぬ最後の死力を尽《つ》くして、メロスは走ったメロスの頭は、からっぽだ何一つ考えていないただ、わけのわからぬ大きな力にひきずられて走った陽は、ゆらゆら地平線に没《ぼっ》し、まさに最後の一片の残光も、消えようとした時、メロスは疾風《しっぷう》の如《ごと》く刑場《けいじょう》に突入《とつにゅう》した

(太宰治《だざいおさむ》「走れメロス」)

(4) わたしは譜本《ふほん》を踏《ふ》まぬようにピアノの前へ歩み寄ったピアノは今目《ま》のあたりに見れば、鍵盤《けんばん》の象牙《ぞうげ》も光沢《こうたく》を失い、蓋《ふた》の漆《うるし》も剥落《はくらく》していたことに脚《あし》にはえびかずらに似た一すじの蔓《つる》草《くさ》もからみついていたわたしはこのピアノを前に何か失望に近いものを感じた

(芥川龍之介《あくたがわりゅうのすけ》「ピアノ」)

(1)	(2)	(3)	(4)

ワンポイント

全文に句点(。)をつけてみる。句点から句点までが一文。

重要 3 次の文を文節に区切り、文節の数を答えなさい。（5点×4―20点）

(1) 朝六時に起きるのが私の日課である。

(2) 晴れた日は、青空の下で、コイが泳ぐ堀《ほり》の周りを走っている。

(3) 隣《となり》の中学生は、私よりもっと早く起きて、毎朝お堀を二周しているそうだ。

(4) 彼《かれ》は若いだけあって、とても元気そうに見え、体力にもかなり自信があるらしいが、私も負けないで、マラソンを続けたい。

(1)	(2)	(3)	(4)

ワンポイント

「〜である」「〜ている」「〜てみる」「〜になる」などの**補助動詞**の前では文節に区切れる。「〜ようだ」「〜そうだ」「〜らしい」「〜ない」「〜たい」「〜たがる」などの**助動詞**の前では、文節に区切れない。また、「勉強部屋」「東京駅」などの**複合語**も文節に区切れない。

重要 4 次の文を単語に区切り、単語の数を答えなさい。（5点×5―25点）

(1) 図書館は静かなので、読書に適しているようだ。

(2) 私は、去年静岡で食べたうなぎの味が、いまでも忘れられない。

(3) 草むらで鳴いている虫の声を聞きながら、暗い夜道を歩いた。

(4) 伝説によると、この村の川には、昔カッパが住んでいたらしい。

(5) 私が絵の勉強を始めてから今年で十三年になるが、これからもっとうまくなりたいと思っている。

(1)	(2)	(3)	(4)	(5)

ワンポイント

各単語は、すべて品詞ごとに分類できることに注意しよう。つまり、単語に区切ることは、品詞に分けることでもある。

5 次の文の――線部について、常体は敬体に、敬体は常体に直しなさい。（5点×6―30点）

(1) 一郎《いちろう》の家の前から学校までの間に、おそろしく急な坂が①ある。むなつき坂という名まえの②坂だ。

学校へいくときは、下り坂だから楽だが、帰りは上り坂だからたいへんだ。おまけに、そのころは、いちばんおなかのすいているじぶんだ。てくてく坂を上がっていく一足一足が、びんびんおなかに③こたえてくる。

（大石真《おおいしまこと》「見えなくなったクロ」）

(2) 宇宙空間からのものではなかったら、地球の空気はどこか④らきたのでしょうか。それは地球のなかから出てきたものに⑤ちがいありません。

火山が原因だという説も⑥ありました。いま現在地球のなかからでてきているガスとしては、火山からのガスがあります。

（島村英紀《しまむらひでき》「地球がわかる50話」）

①	②
③	④
⑤	⑥

第1章 文法の基礎

2 文節と文節の関係

◆文節相互《そうご》の関係について理解しよう。
◆文の構造（単文・複文・重文）について理解しよう。

【　月　日】

重要点をつかもう

■主語・述語の関係

・主語…「何（誰《だれ》）が」「何（誰）は」を表す文節。
・述語…「どうする」「どんなだ」「何だ」「ある・ない」を表す文節。

主語	述語
何（誰）が	どうする
花が	咲《さ》く。
何（誰）は	どんなだ
芝生《しばふ》は	美しい。

■修飾《しゅうしょく》・被《ひ》修飾の関係

・修飾語…くわしく説明している文節。
・被修飾語…くわしく説明されている文節。

修飾語	被修飾語	修飾関係
冷たい	水	連体修飾
ゆっくりと	立ち上がる。	連用修飾

■接続の関係

・接続語…文と文や文節と文節をつないで、相互の関係を示す語。

順接の関係	暗いので、灯《あかり》をともす。
逆接の関係	寒いけれど、我慢《がまん》する。

Step 1 基本問題

解答▼別冊 2ページ

1 [主語・述語の関係] 次の文の——線部は主語を表しています。述語（述部）を抜《ぬ》き出しなさい。

(1) クマは 大きな 穴の 中で ねむって いた。 [　　]
(2) あれが 明日 登る 山です。 [　　]
(3) 三月三日は 私の 妹の 誕生日だ。 [　　]

2 重要 [修飾・被修飾の関係] 次の文の——線部は、どの文節（連文節）を修飾していますか。抜き出しなさい。

(1) 美しい 花が 咲いて いる。 [　　]
(2) らくだは ゆっくりと 砂漠《さばく》を 歩いて いった。 [　　]
(3) 急に 降り出した 雨は やもうと しなかった。 [　　]
(4) やみの 中から しきりに 私の 名を 呼ぶ 声が する。 [　　]

3 [接続の関係] 次の文から、接続語を一文節で抜き出しなさい。

(1) 彼《かれ》は読書家で、そのうえ登山家だ。 [　　]
(2) しかし、そこには誰もいなかった。 [　　]
(3) 次の路地を曲がる。すると青い屋根が見える。 [　　]
(4) ずっと走り続けたので、のどが渇《かわ》いた。 [　　]

■ 並立《へいりつ》の関係

・並立…二つ以上の文節が対等に並んでいる関係。

対等の関係	川は 静かで ゆるやかに 流れて いく。
選択《せんたく》の関係	夏休みには 山か 海に 遊びに 行きたい。
列挙の関係	花壇《かだん》には 赤や 黄色、白や 青の 花が 咲く。

■ 補助の関係

・補助…本来の意味が薄《うす》れて、直前の文節に補助的な意味をそえる関係。

	動詞	補助動詞
校門が	閉じて	いる。
試《ため》しに	行って	みる。
いつか	訪ねて	ください。

■ 独立の関係

・独立…ほかの文節とは結びつかない関係。

応答	はい、すぐにまいります。
呼びかけ	君、東の空を見てごらん。
感動	ああ、本当に美しい花だ。
提示	日の丸、それは日本の象徴《しょうちょう》だ。

重要 **4** 【補助の関係】 次の文の――線部が補助の関係になっているものをすべて選び、記号で答えなさい。

ア 弟が隣《となり》の部屋に いる。
イ 弟が部屋で遊んで いる。
ウ 知らない町に行って みる。
エ 二階からずっと遠くを みる。
オ 明日、映画を見に行き ます。

［　　　　］

5 【独立の関係】 次の文から、独立語を抜き出しなさい。

(1) ねえ、わかっているの。 ［　　　　］
(2) いいえ、わかりません。 ［　　　　］
(3) ああ、なんて美しい花なのだ。 ［　　　　］
(4) たんぽぽ、それが花の名前だ。 ［　　　　］
(5) 太郎《たろう》君、お父さんは元気かい。 ［　　　　］

重要 **6** 【文の構造】 文の種類には、A 単文、B 複文、C 重文の三種類があります。次の文の種類として最も適切なものを選び、記号で答えなさい。

(1) 私は、彼が港の方からやってくるのに出会った。 ［　　］
(2) 私は、隣の町の中学校に転校した彼に会いに行く。 ［　　］
(3) 私はこれから町に行くが、彼は町から帰ってくる。 ［　　］

《参　考》
単　文…主語と述語の関係が、一つだけ成り立っている文。
複　文…主語と述語の関係が、二つ以上の対等ではない関係で成り立っている文。
重　文…主語と述語の関係が、二つ以上あり、対等（並立）の関係で成り立っている文。

Step 2 標準問題

解答▼別冊 3ページ

時間 20分　合格点 80点　得点　点

【　月　日】

1 次の文の――線部の二つの文節の関係として最も適切なものをあとから選び、記号で答えなさい(同じ記号は二度使えません)。(4点×4―16点)

(1) やっと遠い夕やみの中に、村外れの工事場が見えた。

(2) トロッコの周りを回って みた。

(3) 父や 母を集まらせた。

(4) 三人は自転車を押《お》しながらゆるい斜面《しゃめん》を登った。

ア 主語・述語の関係　イ 修飾《しゅうしょく》・被《ひ》修飾の関係

ウ 接続の関係　エ 並立《へいりつ》の関係　オ 補助の関係

カ 独立の関係

(1)	(2)	(3)	(4)

ワンポイント
文全体を文節に区切って、各文節の文中における働きを考えてみよう。

重要

2 次の文の――線部は述語(述部)です。この述語(述部)に対する主語(主部)を抜《ぬ》き出しなさい。(2点×4―8点)

(1) 海の見える丘《おか》の上に、美しい少女がたった一人で住んでいました。

(2) 少女の母親は、彼女《かのじょ》が三歳《さい》のときに、町の病院で死んでしまいました。

(3) だからいま、少女は父親と二人で、この家に住んでいます。

(4) 少女の祖父も祖母も、彼女のことがとても心配なのです。

(1)	(2)
(3)	**(4)**

ワンポイント
主語・述語は一文節だが、主部・述部は二文節以上から成り立っている。

3 次の文の――線部が修飾している文節(連文節)を抜き出しなさい。また、修飾語が連体修飾語ならばA、連用修飾語ならばBと答えなさい。(各完答・4点×7―28点)

(1) 冷たい風が谷川を吹《ふ》き抜けていった。

(2) ずいぶん待って、やっとバスが来た。

(3) にぎやかにパレードが通り過ぎる。

(4) 部屋でひとり静かに座《すわ》っている。

(5) 私の趣味《しゅみ》は散歩です。

(6) もはや彼《かれ》の姿は消えていた。

(7) ある日の暮れ方のことである。

(1)		(2)		(3)	
(4)		(5)		(6)	
(7)					

ワンポイント
体言(名詞や代名詞)を修飾するのが連体修飾語で、用言(動詞・形容詞・形容動詞)を修飾するのが連用修飾語である。

4 次の文から、接続語を一文節で抜き出しなさい。（2点×4―8点）

(1) わかっていた。が、答えられなかった。
(2) 雪が降ってきたよ。それじゃあ、外に出ようか。
(3) 見ると、すぐにそれが欲《ほ》しくなってしまいます。
(4) 小学生および中学生は、プールを無料で利用できる。

(1)	(2)
(3)	(4)

ワンポイント
接続語には、接続詞だけではなく、接続助詞のついた文節もあることに注意しよう。

5 次の文の――線部が並立の関係であるものを選び、記号で答えなさい。（各完答・2点×4―8点）

(1) ア どの イ 教室にも ウ いすと エ 机が オ 備えてあった。
(2) ア 二人は イ 黙《だま》って ウ 静かに エ いすに オ 座っていた。
(3) ア 夏休みには イ 広島か ウ 山口に エ 行く オ 予定です。
(4) ア 机上《きじょう》には イ 鉛筆《えんぴつ》や ウ ノートや エ 英語の オ 辞書が カ 置かれていた。

(1)	(2)	(3)	(4)
・	・	・	・・

ワンポイント
並立の関係には、対等（AとB）、選択《せんたく》（AかBか）、列挙（AやBやC）などがある。

6 次の文の二つの――線部が補助の関係になっていれば〇、なっていなければ×と答えなさい。（2点×10―20点）

(1) 吾輩《わがはい》は 猫《ねこ》で ある。
(2) テーブルに 置いて ある お菓子《かし》を 食べなさい。
(3) 私の 家の 軒下《のきした》に すずめばちの 巣が ある。
(4) 思い切って やって みたが、うまく いかなかった。
(5) よく 見たの。ちゃんと すみずみまで 探してよ。
(6) 公園で 知ら ない 人に 声を かけられた。
(7) 残念な ことに 今日は 晴れて ない。
(8) ピアノの 音が 聞こえて きた ものだった。
(9) なんだか 人が 来た 気配がする。
(10) 雨が 降り出したので 窓を 閉めて おく。

(1)	(2)	(3)	(4)	(5)
(6)	(7)	(8)	(9)	(10)

ワンポイント
前の文節が「―て（で）」という形なら、補助の関係であることが多い。

重要
7 次の文を、単文・複文・重文に分け、記号で答えなさい。（3点×4―12点）

ア 日曜日に、姉は教会に行き、私はピアノ教室に行きます。
イ 母は、私がテストでよい点をとった時には、ほめてくれます。
ウ 吉田《よしだ》さんは、放課後になるといつも花壇《かだん》の手入れをしている。
エ 汽車がトンネルを抜けると、そこに静かで大きな湖があった。

単文	
複文	
重文	

3 単語の種類

【　月　日】

◆単語の働き（品詞の種類）について理解しよう。
◆自立語と付属語の区別ができるようになろう。

重要点をつかもう

単語は、その性質によって十の品詞に分類される。

■ 単語の分類

Ⅰ 自立語

単独で文節を作る。一文節に自立語は一つで、文節のはじめは必ず自立語。

1 活用する

(1) 述語になる（用言）

①**動詞**…終止形が「ウ段」の音で終わる。

読む・起きる・寝《ね》る・来る・する

②**形容詞**…終止形が「い」で終わる。

美しい・悲しい・白い・細い

③**形容動詞**…終止形が「だ」「です」で終わる。

静かだ・静かです・きれいだ

2 活用しない

(1) 主語になる（体言）

④**名詞**…事物の名称《めいしょう》を表す。

学校・山・日本・太郎《たろう》・思考
私・あなた・どこ・そちら

Step 1 基本問題

解答▼別冊 3ページ

1 重要 ［自立語］次の文の――線部から自立語をすべて選び、記号で答えなさい。

(1) ア高い イ山 ウの エ頂上 オから、カ青い キ海 クを ケ見 コた。
(2) アメロス イは ウ単純な エ男 オで カあっ キた。
(3) ア山田君 イは、ウ毎日 エ学校 オに カ遅《おく》れ キます。
(4) アいいえ、イその ウこと エは オまったく カ知り キませ クん ケわ。
(5) アこの イ川 ウは エ渡《わた》る オに カは キ深い。

(1)［　　　］ (2)［　　　］
(3)［　　　］ (4)［　　　］
(5)［　　　］

2 ［自立語］次の文章を読んで、あとの問いに答えなさい。

しばらくすると、マッチの軸《じく》は、だんだん、短く太くなってきて、やがてぴくんぴくんと動きだしました。白い頭には、目と口がつきました。いつのまにか、頭でっかちのマッチ棒は、四角いからだを持った、小さな青虫にかわったのでした。この、青く光る美しい小さな青虫は、マッチ棒のような四角いからだをもくもく動かして、自分がとじこめられていたマッチ箱を、食べはじめました。

（佐藤《さとう》さとる「四角い虫の話」）

(1) 文中から、名詞をすべて抜《ぬ》き出しなさい。ただし、二度以上出てくる名詞は、一度だけ抜き出せばよい。

(2) **主語にならない**

(i) 修飾《しゅうしょく》語になる

⑤**連体詞**…体言を修飾する。

[この・ある・さる・あらゆる]

⑥**副詞**…主に用言を修飾する。

[かなり・もう・はっきり・たぶん]

(ii) 修飾語にならない

⑦**接続詞**…接続語になる。

[だから・しかし・および・なぜなら]

⑧**感動詞**…独立語になる。

[ああ・ねえ・さようなら・はい]

Ⅱ 付属語

単独では文節を作ることができず、自立語とともに文節を作る。

1 活用する

⑨**助動詞**…体言・用言・ほかの助動詞について意味をそえる。

[れる・ない・だ・です・ます]

2 活用しない

⑩**助詞**…語と語の関係を示したり、意味をそえたりする。

[が・の・ば・こそ・か・は・さえ]

---

(2) 文中から、動詞をすべて抜き出しなさい。ただし、二度以上出てくる動詞は、一度だけ抜き出せばよい。

[　　　　]

3 【付属語】 次の文の——線部から付属語をすべて選び、記号で答えなさい。

(1) ア道 イに ウ迷わ エない オか、 カと キ心配し クまし ケた。

(2) アお母さん イに ウほめ エられ オた。

(3) ア馬 イは ウたくさん エ水 オを カ飲み キたがる クそうだ。

(4) アまさか イそれ ウは エ知る オまい。

(5) ア彼《かれ》 イに ウ駅 エまで オ行か カせれ キば クいい。

(1)[　　] (2)[　　]
(3)[　　] (4)[　　]
(5)[　　]

4 重要 【付属語】 次の文の——線部の語を助動詞と助詞に分け、記号で答えなさい。

西アの山は、夕日の色に染まってイた。でも、まもなく、その日も山の裏ウに沈《しず》んエでしまいオそうだ。夕暮れ時の涼風《すずかぜ》の中で、昼間の暑さカまで洗い流されていくキようだ。東クから、だんだんと夕やみが空をおおっていき、星ケさえ見えてきた。明日もきっと晴れるだろコう。

助動詞[　　]
助　詞[　　]

1 次の文の[A]〜[I]に入る言葉を漢字で答えなさい。（2点×9—18点）

単語を、その性質により分類したものを[A]という。日本語の[A]の数は十で、すべての単語は、自立語と[B]に大別される。自立語で活用があり、述語となるものを[C]という。そのうち、動作や存在を表し、言い切りの形がウ段の音で終わるものを[D]といい、性質や状態を表し、言い切りの形が「い」で終わるものを形容詞といい、言い切りの形が「だ」で終わるものを[E]という。また、自立語で活用がなく、主語となるものは体言といい、事物の名称《めいしょう》を表す[F]がある。また、活用がなく、修飾語《しゅうしょく》になるものは、主に用言を修飾する[G]と体言を修飾する連体詞がある。自立語には、そのほかに、主語にならないで接続語になる接続詞と、独立語になる感動詞とがある。[B]のうち、活用のあるものは[H]で、活用のないものは[I]である。

A	B	C	D	E
F	G	H	I	

2 次の文の——線部の単語から活用のあるものをすべて選び、記号で答えなさい。（各完答・7点×2—14点）

(1) ア小躍《こおど》りでもしたいような気持ちで僕《ぼく》は家にイ帰り、夕方ウまで母に今日の出来事を話して聞かせたエが、ついに父にオ「うるさい」と怒《おこ》られ母に慰《なぐさ》められカた。

(2) キそして、四つのク大きな瞳《ひとみ》が、ケ静かに、コじっと僕を見つめていることにサ気づいた。

(1)	
(2)	

ワンポイント

単語の中で活用のあるものは、自立語の動詞、形容詞、形容動詞と、付属語の助動詞である。

重要

3 次の文の——線部の単語から自立語で活用のあるものをすべて選び、記号で答えなさい。（完答10点）

去年の晩秋にも、ここへ檜《ひのき》をア見にきているのだが、その時から夏にイはぜひもう一度とウ思っていた。そういうエ思いかたは私に、オ抜《ぬ》きがたい家庭人の癖《くせ》がついているからだとおもう。カ若い頃《ころ》にキしみこんだ、料理も衣服も住居も、最低一年をめぐって経験しないことには、話にならないのだ、と痛感したその思いが、クいまも時にケふれて顔をだすのである。

（幸田文《こうだあや》「木」）

4 次の文の――線部の単語から、動詞・形容詞・形容動詞をそれぞれすべて選び、記号で答えなさい。（各完答・8点×3―24点）

(1) そこは年中ア暗い空に、氷のようなイ冷たい風がびゅうびゅう吹《ふ》き荒《すさ》んでいるのです。杜子春《とししゅん》はウその風に吹かれエながら、暫《しばら》くは唯木《ただこ》の葉のように、空をオ漂《ただよ》って行きましたが、カやがて森羅殿《しんらでん》という額の懸《か》かったキ立派な御殿《ごてん》の前へ出ました。

（芥川龍之介《あくたがわりゅうのすけ》「杜子春《とししゅん》」）

(2) 牧場のうしろはクゆるい丘《おか》になって、その黒いケ平らな頂上は、北の大熊星《おおぐまぼし》の下に、コぼんやりふだんよりも低く連《つら》って見えました。

ジョバンニは、もう露《つゆ》の降りかかったサ小さな林のこみちを、どんどんのぼって行きました。シまっくらな草や、いろいろな形に見えるやぶのしげみの間を、その小さなみちが、一すじ白く星あかりに照らしだされてスあったセのです。草の中には、ソぴかぴか青びかりを出す小さな虫もいて、タある葉はチ青くすかし出され、ジョバンニは、さっきみんなの持って行った烏瓜《からすうり》のあかりのようだとも思いました。

（宮澤賢治《みやざわけんじ》「銀河鉄道の夜」）

動詞	形容詞
形容動詞	

ワンポイント

動詞は「ウ」段の音で、形容詞は「い」で、形容動詞は「だ・です」で言い切る。

5 次の単語から、名詞をすべて選び、記号で答えなさい。（7点）

ア 五月雨《さみだれ》　イ 厚い　ウ 美しい　エ きれいだ
オ あなた　カ すると　キ ここ　ク 美しさ
ケ おはよう　コ 眠《ねむ》る　サ ところ　シ はず
ス この　セ いきなり　ソ 誰《だれ》

重要

6 次の文の――線部①～⑨の品詞をあとから選び、記号で答えなさい。（3点×9―27点）

やっと遠い夕闇《ゆうやみ》の中に、村外れの工事場が見えた時、良平《りょうへい》は一思いに泣きたくなった。しかしその時もべそはかいたが、①とうとう泣かずに駈《か》け続けた。

彼《かれ》の村へはいってみると、もう両側の家々には、②電灯の光がさし合っていた。良平は、③その電灯の光に、頭から汗《あせ》の湯気が立つのが、彼自身にもはっきりわかった。井戸端《いどばた》に水を汲《く》んでいる女衆や、畑から帰ってくる男衆は、良平が喘《あえ》ぎ喘ぎ④走るのを見ては、「⑤おいどうしたね？」などと声をかけた。⑥が、彼は⑦無言のまま、雑貨屋だの床屋《とこや》だの、⑧明るい家の前を走り⑨過ぎた。

（芥川龍之介「トロッコ」）

ア 動詞　イ 形容詞　ウ 形容動詞　エ 名詞
オ 連体詞　カ 副詞　キ 接続詞　ク 感動詞
ケ 助動詞　コ 助詞

①	②	③	④	⑤
⑥	⑦	⑧	⑨	

Step 3 実力問題

解答▼別冊 5ページ

時間 20分　合格点 80点　得点 点

【 月 日】

1 次の文はいくつの文節から成り立っているか。また、いくつの単語から成り立っているか。それぞれ漢数字で答えなさい。（5点×2—10点）

学問を始めたころは歴史に興味をもっていたが、現在は文学に傾《かたむ》いた。

文節 [ ]
単語 [ ]
〔栄東高〕

2 次の問いに答えなさい。

(1) 「一体、人間の頭の良さの特徴《とくちょう》とは何か。」を例にならって文節に分けなさい。（完答10点）

例 花が／きれいに／咲《さ》く。

一体、人間の頭の良さの特徴とは何か。

〔長野〕

(2) 「これはめったに姿を見せなかった」を例にならって単語に分けるとともに、自立語を（ ）で囲みなさい。（完答10点）

例 （トンボ）—が—（飛ん）—で—（いる）

これはめったに姿を見せなかった

〔徳島〕

(3) 「見つけられず」を組み立てている品詞のならび順として最も適切なものを次から選び、記号で答えなさい。（5点）

ア 動詞／助動詞／助動詞　イ 動詞／動詞／助動詞／助詞
ウ 動詞／助動詞／助動詞／助詞　エ 動詞／動詞／助詞／助詞

[ ]
〔三重〕

(4) 「実は正しいとは言えません」を例にならって品詞分解し、その品詞名を答えなさい。（完答10点）

例 これ（名詞）｜は（助詞）｜去年（名詞）｜の（助詞）｜試験問題（名詞）｜です（助動詞）

[ ]
〔慶應義塾女子高〕

(5) 次の文の——線部「待っているらしい」の主語を文中から一文節で抜《ぬ》き出しなさい。（5点）

この溝《みぞ》の水はたぶん、小金井の水道から引いたものらしく、よく澄《す》んでいて、青草の間を、さも心地よさそうに流れて、おりおりこぼこぼと鳴っては小鳥が来て翼《つばさ》をひたし、喉《のど》を湿《うる》おすのを待っているらしい。

（国木田独歩《くにきだどっぽ》「武蔵野《むさしの》」）

[ ]

3 文節と文節の関係について、次の問いに答えなさい。

(1) 次の文の――線部「一人で」が直接かかる文節として最も適切なものをあとから選び、記号で答えなさい。(5点)

夏休みに、私は一人で自然に囲まれた祖父母の家のある田舎《いなか》へ、泊《と》まりに行った。

ア 囲まれた　イ 田舎へ　ウ 泊まりに　エ 行った

〔新潟〕

(2) 次の文の――線部「およそ」が直接かかる部分として最も適切なものをあとから選び、記号で答えなさい。(5点)

それから、これは私一人だけの感じであるかも知れないが、およそ日本人の皮膚《ひふ》に能衣裳《のういしょう》ほど映りのいい、ものはないと思う。

(谷崎潤一郎《たにざきじゅんいちろう》「陰翳礼讃《いんえいらいさん》」)

ア 日本人の　イ 能衣裳ほど　ウ いいものは
エ ないと　オ 思う

(3) 次の文の――線部「時々」が直接かかる文節を、一文節で抜き出しなさい。(10点)

南側から入って螺旋《らせん》状の階段を上るとここに有名な武器陳列《ちんれつ》場がある。時々手を入れるものと見えて皆《みな》ぴかぴか光っている。

(夏目漱石《なつめそうせき》「倫敦塔《ろんどんとう》」)

(4) 次の文の――線部「かならず」が直接かかる文節を、一文節で抜き出しなさい。(10点)

〈共生〉という営みが、広く自然界で行われていることはよく知られている。たとえば、ある種のイソギンチャクはかならず一定のヤドカリの殻《から》の上にその根をおろす習慣がある。

(石原吉郎《いしはらよしろう》「ある『共生』の経験から」)

〔帝塚山学院泉ヶ丘高―改〕

(5) 次の文の――線部「さっと」が直接かかる文節を、一文節で抜き出しなさい。(5点)

素朴《そぼく》な、自然のもの、従って簡潔な鮮明《せんめい》なもの、そいつをさっと一挙動でつかまえて、そのままに紙にうつしとること、それよりほかにはないと思い、そう思うときには、眼前の富士の姿も、別な意味をもって目にうつる。

(太宰治《だざいおさむ》「富嶽百景《ふがくひゃっけい》」)

4 「母の立ちつくす姿がぼんやり見えた。」を説明した次の文の[A]～[C]に入る言葉を答えなさい。(5点×3―15点)

「立ちつくす」を言葉のはたらきからとらえると、品詞は[A]であり、文の構造から見ると「姿」にかかる[B]修飾《しゅうしょく》語である。また、「姿が」という主語に対して、「見えた」は[C]である。

A
B
C

〔長崎〕

4 動詞

◆動詞の活用の種類について理解しよう。
◆自動詞と他動詞の区別ができるようになろう。

【　月　日】

重要点をつかもう

■ 動詞の特徴《とくちょう》

1 **動詞**…事物の動作や存在を表す。自立語で活用があり、言い切りの形（終止形）が「ウ段」の音で終わる。

2 **活用**…活用は五種類で、あとに続く単語や文中での働きによって、語尾《ごび》が変化する。

3 **活用形**…活用の変化を六種類に分類したものを活用形といい、動詞は**未然形**、**連用形**、**終止形**、**連体形**、**仮定形**、**命令形**がある。

【活用の種類と見分け方】

活用の種類	「ない」をつけて判別
五段活用	咲《さ》かない（ア段の音）
上一段活用	落ちない（イ段の音）
下一段活用	捨てない（エ段の音）
カ行変格活用	「来る」一語のみ
サ行変格活用	「する」「〜する」のみ

〈カ行変格活用とサ行変格活用は、略して「**カ変**」「**サ変**」という。〉

Step 1 基本問題

解答▼別冊 5ページ

重要 **1** 【動詞の活用の種類】 次の動詞の活用の種類として最も適切なものをあとから選び、記号で答えなさい。

(1) 見る　(2) 見える　(3) 開く　(4) 閉じる　(5) 行ける　(6) 来る
(7) 案じる　(8) 寝《ね》る　(9) 買える　(10) 買う　(11) 着る　(12) 走る
(13) する　(14) 植える　(15) 居る　(16) リードする　(17) 老いる
(18) ある　(19) 育てる　(20) 飛ばす

ア 五段活用　イ 上一段活用　ウ 下一段活用　エ カ行変格活用　オ サ行変格活用

(1)〔　〕 (2)〔　〕 (3)〔　〕 (4)〔　〕 (5)〔　〕
(6)〔　〕 (7)〔　〕 (8)〔　〕 (9)〔　〕 (10)〔　〕
(11)〔　〕 (12)〔　〕 (13)〔　〕 (14)〔　〕 (15)〔　〕
(16)〔　〕 (17)〔　〕 (18)〔　〕 (19)〔　〕 (20)〔　〕

重要 **2** 【動詞の終止形】 次の文の――線部①〜⑩の動詞を終止形に直しなさい。

(1) 明日、雨が①降れば図書館に②行って本を③読もう。
(2) 君が④来れば、宿題は⑤しないよ。
(3) あなたはきっと⑥できます。
(4) 切手を⑦集めようとしても、なかなか⑧集まらない。
(5) 「⑨勉強しろ。」「⑩すればいいんでしょ。」

①〔　〕 ②〔　〕 ③〔　〕 ④〔　〕 ⑤〔　〕
⑥〔　〕 ⑦〔　〕 ⑧〔　〕 ⑨〔　〕 ⑩〔　〕

4 活用表

活用	基本形	語幹	未然形	連用形	終止形	連体形	仮定形	命令形
五段	書く	か	か・こ	き・い	く	く	け	け
上一段	起きる	お	き	き	きる	きる	きれ	きろ・きよ
下一段	捨てる	す	て	て	てる	てる	てれ	てろ・てよ
カ変	来る	○	こ	き	くる	くる	くれ	こい
サ変	する	○	さ・し・せ	し	する	する	すれ	しろ・せよ
続く言葉			ない・う・よう	ます・た	言い切る	とき・こと	ば	

- **語幹**…活用しても変わらない部分。
- **語尾**…活用して変わる部分。

5 可能動詞

五段活用の動詞に**可能の意味**（〜できる）を加えたもので、活用は**下一段活用**になる。

書く（五段活用）→書ける（下一段活用）
話す（五段活用）→話せる（下一段活用）

〈助動詞「れる・られる」のついた言葉は可能動詞ではない。〉

笑われる＝「笑う」の未然形＋「れる」

6 補助動詞（形式動詞）

本来の意味が薄《うす》れ、前の文節を補助する。

服を見る（動詞）→着てみる（補助動詞）

7 音便形（五段活用の動詞の連用形が変化）

イ音便…書きた→書いた
促《そく》音便…走りた→走った
撥《はつ》音便…飛びた→飛んだ

重要

3 ［自動詞と他動詞］ 次の文の――線部の動詞は、A 自動詞、B 他動詞のどちらか。それぞれ記号で答えなさい。

(1) 花が咲《さ》く　(2) 話を進める　(3) 鐘《かね》を鳴らす　(4) 鳥が空を渡《わた》る
(5) 橋をかける

(1)〔　　〕 (2)〔　　〕 (3)〔　　〕 (4)〔　　〕 (5)〔　　〕

《参 考》
自動詞…その動作の主体自身の動作や作用を表す動詞。
他動詞…その動作が主体以外の動作や作用に及《およ》ぶことを表す動詞。

雨が降る（自）　手紙が届く（自）　水が川に流れる（自）
雨を降らす（他）　手紙を届ける（他）　水を川に流す（他）

4 ［可能動詞］ 次の動詞を、可能動詞に直しなさい。

(1) 貸す　(2) 待つ　(3) 住む　(4) 買う　(5) 化かす

(1)〔　　〕 (2)〔　　〕 (3)〔　　〕 (4)〔　　〕 (5)〔　　〕

5 ［補助動詞］ 次の文の――線部ア〜オから補助動詞をすべて選び、記号で答えなさい。

こたつの上に猫《ねこ》がアいる。その横を犬が走ってイいるので、それをウみた私は、犬をしかってエみる。私は飼い主でオある。

〔　　〕

6 ［音便形］ 次の動詞の音便形の種類と、音便化する前のもとの形を答えなさい。

(1) 勝って　(2) 学んで　(3) 泳いで　(4) 買って　(5) 読んで

(1)〔　　音便〕〔　　〕 (2)〔　　音便〕〔　　〕 (3)〔　　音便〕〔　　〕
(4)〔　　音便〕〔　　〕 (5)〔　　音便〕〔　　〕

解答▼別冊 6ページ

時間 20分　合格点 80点　得点 点

【 月 日】

1 次の文の[A]〜[J]に入る言葉を答えなさい。（2点×10—20点）

動詞は、[A]語で活用があり、ものの動作や存在を表し、言い切りの形は「[B]」段の音で終わる。また、活用させたとき、変化しない部分を[C]、変化する部分を活用語尾《ごび》という。

動詞の活用の種類は、五種類である。「書く」「咲《さ》く」などは[D]活用の動詞で、最も数が多い。「起きる」「見る」などは上一段活用、「寝《ね》る」「植える」などは下一段活用の動詞である。カ行変格活用（カ変）の動詞は「[E]」一語だけである。サ行変格活用（サ変）の動詞は「[F]」一語だけであるが、漢語や外来語に「[F]」がつくとサ変動詞になる。

動詞の語尾は、「まだそうなっていない」意味を表し、「ない・よう」などに続く[G]形、用言に接続したり、「ます・た」などに続いたりする連用形、言い切りの形になる終止形、体言に続く連体形、助詞の「ば・ども」などに接続し、仮定の意味を表す仮定形、そして、命令の意味を表す命令形の六つの形に活用する。

動詞には、自動詞と[H]とがある。さらに、「走れる」「買える」などの[I]動詞や、「食べてみる」「歩いている」の「みる」「いる」のように、本来の意味が薄《うす》れ、直前の言葉の意味を補うために用いられる[J]動詞などもある。

A	B	C	D	E
F	G	H	I	J

2 重要 次の文から動詞を抜《ぬ》き出し、終止形に直して答えなさい。（2点×5—10点）

(1) 座《すわ》ったままでよい。

(2) 左手を見せてごらん。

(3) お気に入りの服を着よう。

(4) 誰《だれ》も来ないようだ。

(5) 早くしろよ。

(1)	(2)	(3)	(4)	(5)

ワンポイント まず文節に分けてみよう。次に、文節を単語に分け、その中から動詞を選ぼう。

3 重要 次の文の——線部の動詞の活用の種類を答えなさい。（2点×5—10点）

(1) 日が暮れるまでには帰りなさい。

(2) 難しいフライをキャッチした。

(3) しっかり読めばわかります。

(4) 太郎《たろう》君が来れば全員そろいます。

(5) 悩《なや》みの種は尽《つ》きない。

(1) 活用	(2) 活用	(3) 活用
(4) 活用	(5) 活用	

重要

4 次の文の――線部①〜⑮の動詞の活用の種類と活用形をそれぞれ答えなさい。（各完答・2点×15―30点）

(1) メロスは①起きてすぐ、花婿《はなむこ》の家を②訪《おとず》れた。そうして、少し事情が③あるから、結婚《けっこん》式を明日に④してくれ、と⑤頼《たの》んだ。婿の牧人《ぼくじん》は⑥驚《おどろ》き、それはいけない、こちらにはまだ何の支度《したく》も⑦できていない、ぶどうの季節まで⑧待ってくれ、と答えた。メロスは⑨待つことは⑩できぬ、どうか明日にしてくれたまえ、と更《さら》に押《お》して頼んだ。

（太宰治《だざいおさむ》「走れメロス」）

(2) 吾輩《わがはい》はこの光景を横に⑪見て、茶の間から主人の寝室《しんしつ》まで⑫来てもう⑬起きたかとひそかに様子を⑭うかがってみると、主人の頭がどこにも⑮見えない。

（夏目漱石《なつめそうせき》「吾輩は猫《ねこ》である」）

①	活用	形	②	活用	形
③	活用	形	④	活用	形
⑤	活用	形	⑥	活用	形
⑦	活用	形	⑧	活用	形
⑨	活用	形	⑩	活用	形
⑪	活用	形	⑫	活用	形
⑬	活用	形	⑭	活用	形
⑮	活用	形			

ワンポイント

カ変・サ変以外の動詞の活用の種類は、「ない」をつけて判別する。活用形は、あとに続く言葉から判別する。

5 次の動詞は、すべて自動詞である。これに対する他動詞を答えなさい。（1点×10―10点）

(1) 育つ　(2) あがる　(3) 当たる　(4) 落ちる
(5) 助かる　(6) 残る　(7) 変わる　(8) 流れる
(9) 始まる　(10) 増える

(1)	(2)	(3)	(4)
(5)	(6)	(7)	(8)
(9)	(10)		

ワンポイント

自動詞は「ドアが開く」だが、他動詞は「ドアを開ける」となる。

重要

6 次の動詞のうち、可能動詞として正しいものは○、誤っているものは×と答えなさい。（2点×10―20点）

(1) 打てる　(2) 借りれる　(3) 来れる　(4) 運べる
(5) 聞ける　(6) 防げる　(7) 見れる　(8) 取れる
(9) 寝れる　(10) 読める

(1)	(2)	(3)	(4)	(5)
(6)	(7)	(8)	(9)	(10)

ワンポイント

可能動詞は五段活用の動詞をもとにしてできた下一段活用の動詞。五段活用以外の動詞からは可能動詞にはならない。

第2章 自立語

5 形容詞・形容動詞

【　月　日】

◆形容詞、形容動詞の活用形について理解しよう。
◆ほかの品詞との区別ができるようになろう。

重要点をつかもう

■ 形容詞の特徴《とくちょう》

1 **形容詞**…事物の性質や状態を表し、単独で述語や修飾《しゅうしょく》語になる。自立語で活用があり、**終止形は「い」**で終わる。

2 **活用**…活用の種類は、一種類。

3 **活用形**…活用形は未然形から仮定形までの五段階で、**命令形はない**。

基本形	語幹	未然形	連用形	終止形	連体形	仮定形	命令形
美しい	美し	かろ	かっ・く・う	い	い	けれ	○
続く言葉		う	た・て	言い切る	とき・の	ば	

4 **補助形容詞**…「形式形容詞」ともいい、本来の意味が薄《うす》れ、直前の文節を補助する形容詞のこと。〔**ない・ほしい・よい**〕

※「ない」の種類
①「ない」本来の意味が薄れ、「聞きたく」に意味をそえる**補助形容詞**。
　悪いうわさは聞きたくない。
②「ない」本来の意味をもつ**形容詞**。
　国語の教科書がない。
③**打ち消し**（**否定**）の意味の**助動詞**。
　弟は本を読まない。

Step 1 基本問題

解答▶別冊 6ページ

1 〔形容詞の終止形〕 次の文から形容詞を抜《ぬ》き出し、終止形に直して答えなさい。

(1) ここから駅までは近かった。
(2) 今年は、とても暑い夏だった。
(3) 君、大きく息を吸ってごらん。
(4) この本が、おもしろければね。
(5) 今年の冬は、さぞかし寒かろう。

(1)［　　］ (2)［　　］ (3)［　　］
(4)［　　］ (5)［　　］

重要 **2** 〔形容詞の活用形〕 次の文の――線部の形容詞の活用形を答えなさい。

(1) 勝負は強ければそれでいいんだ。
(2) 北の海はきっと冷たかろう。
(3) あの時はありがとうございました。
(4) 東の山の頂に涼《すず》しい風が吹《ふ》いている。
(5) 君のその考え方はもう古い。

(1)［　　］ (2)［　　］ (3)［　　］
(4)［　　］ (5)［　　］

3 〔形容動詞の終止形〕 次の文から形容動詞を抜き出し、終止形に直して答えなさい。

(1) 夜が静かに更《ふ》けていきます。
(2) 町中に妙《みょう》なうわさが広がっている。
(3) たとえ失ってもわずかだろう。
(4) 海が穏《おだ》やかなら泳いでもいいよ。
(5) 丘《おか》に向かってなだらかな坂が続いている。

形容動詞の特徴

1 形容動詞…事物の性質や状態を表し、単独で述語や修飾語になる。自立語で活用があり、**終止形は「だ・です」**で終わる。

2 活用…活用の種類は、一種類。

3 活用形…**命令形はない**。敬体の「―です」には仮定形もない。

基本形	語幹	未然形	連用形	終止形	連体形	仮定形	命令形
静かだ	静か	だろ	だっ で に	だ	な	なら	○
静かです	静か	でしょ	でし	です	(です)	○	○
続く言葉		う	た て	言い切る	とき	ば	

4 特殊《とくしゅ》な形容動詞

①**連体形がない**形容動詞
こんなだ・そんなだ・あんなだ・どんなだ

②名詞（体言）には**語幹**で接続、助詞「の」「ので」などには**連体形**で接続。

〈語幹＋体言〉 同じもの。
〈連体形＋助詞〉 同じなので

5 ほかの品詞との区別

①彼女《かのじょ》はきれいだ。〔形容動詞〕
②あの話は本当だ。〔名詞＋助動詞〕
③まことに申し訳ない。〔副詞〕
④大きな船があった。〔連体詞〕

---

(1)〔　　〕 (2)〔　　〕 (3)〔　　〕
(4)〔　　〕 (5)〔　　〕

4 【形容動詞の活用形】次の文の――線部の形容動詞の活用形を答えなさい。

(1) 彼《かれ》からたいそう愉快《ゆかい》な話を聞いた。
(2) おじいさんはとても元気だった。
(3) 疑惑《ぎわく》を徹底《てってい》的に追及《ついきゅう》したいと思う。
(4) これと同じならば間違《まちが》いなかろう。
(5) 子どもが急に飛び出したので驚《おどろ》いた。

(1)〔　　〕 (2)〔　　〕 (3)〔　　〕
(4)〔　　〕 (5)〔　　〕

重要 **5** 【形容詞・形容動詞の選別】次の単語からそれぞれ形容詞と形容動詞をすべて選び、記号で答えなさい。

ア 騒《さわ》ぐ　イ 立派だ　ウ やがて　エ 咲《さ》く　オ さわがしい
カ 寂《さび》しさ　キ 忙《いそが》しい　ク 旅行　ケ 置く　コ 静かだ
サ 寂しい　シ 便利だ　ス 釣《つ》る　セ 春雨《はるさめ》だ　ソ 晴れやかだ
タ 実に　チ 冷たい　ツ おかしい　テ おかしな　ト 晴れ晴れしい

形容詞〔　　〕 形容動詞〔　　〕

重要 **6** 【「ない」の識別】次の文の――線部の品詞として最も適切なものをあとから選び、記号で答えなさい。

(1) 何も見えない。
(2) それほど立派でない。
(3) けっして美しくない。
(4) 科学的でない。
(5) 箱の中には何もない。
(6) 彼は少し大人気ない。

ア 形容詞　イ 形容詞の一部　ウ 補助形容詞　エ 助動詞

(1)〔　　〕 (2)〔　　〕 (3)〔　　〕 (4)〔　　〕 (5)〔　　〕 (6)〔　　〕

解答▼別冊7ページ

時間 20分　合格点 80点　得点　点

【　月　日】

1 次の文の[A]～[K]に入る言葉を答えなさい。（2点×11―22点）

自立語で[A]があり、単独で述語になるものを[B]という。[B]には動詞・[C]・形容動詞の三つの品詞がある。そのうち、物事の性質や状態を表し、終止形が「[D]」になるものを[C]といい、終止形が「[E]・です」になるものを形容動詞という。[C]も形容動詞も、活用の仕方は一つだけである。

また、活用形ではともに[F]形がない。[C]は、終止形と[G]形は同じ形であるが、形容動詞は異なっている。さらに、[C]は、「美しければ、見よう。」のように[H]形に「ば」が連なるが、形容動詞は、「静かなら、本でも読もう。」のように「ば」を省略して[H]形だけでも使用できる。

「面白《おもしろ》うございます。」のように、[C]の連用形が「ございます」「存じます」に続くとき、活用語尾《ごび》「く」が「う」になることがある。これを[C]の[I]音便という。

「教科書がない。」の「ない」は[C]であるが、「私は行かない。」の「ない」は打ち消しの[J]詞である。また、「穏《おだ》やかな日々だった。」の「穏やかな」は形容動詞であるが、「それは小さなことだ。」の「小さな」は[K]詞である。

A	B	C	D
E	F	G	H
I	J	K	

重要 2 次の文の――線部の形容詞の活用形を答えなさい。（2点×5―10点）

(1) 夏休みには高い山に登る。
(2) 山が高ければ景色もよい。
(3) 安かろう、悪かろうだね。
(4) 高原の風は涼《すず》しかった。
(5) それはとてもうれしゅうございました。

(1)	(2)	(3)
(4)	(5)	

3 次の文から音便形を抜《ぬ》き出し、音便化する前のもとの形に直しなさい。（2点×4―8点）

(1) この夏は、例年に比べて、たいそう暑うございます。
(2) ご結婚《けっこん》、本当におめでとう存じます。
(3) 暗い夜道を歩くのは、とても恐《おそ》ろしゅうてならない。
(4) 三月になり、だんだんと暖こうなってきましたね。

(1)	(2)	(3)	(4)

ワンポイント　形容詞の場合、連用形が音便形（ウ音便）になる。

重要 4 次の文の――線部の形容動詞の活用形を答えなさい。（2点×5―10点）

(1) この棚《たな》はじょうぶで長持ちだ。
(2) 便利なコンビニだ。
(3) そんなに景色が素敵《すてき》なら、私も行くわ。

(4) どんな困難だろうが、乗り越《こ》えるつもりだ。
(5) 動物園のゴリラは、少し悲しげだった。

(1)	(2)	(3)
(4)	(5)	

重要

5 次の文の――線部①～⑩の語について、A 形容詞・B 形容動詞のどちらかを答えなさい。また、それぞれの活用形として最も適切なものをあとから選び、記号で答えなさい。(各完答・2点×10―20点)

(1) 打球は①鋭《するど》く弧《こ》を描《えが》いて、②あざやかに場外に消えた。
(2) ③明るい日差しの中で、④元気な子ども達が遊んでいる。
(3) 谷川の流れが⑤急だったので、船で下るのが⑥怖《こわ》かった。
(4) 出発が⑦早ければ、明日の午前中に着くのは⑧確実だ。
(5) 試合に勝つためには、練習は多少⑨厳しくても⑩よかろう。

【活用形】ア 未然形　イ 連用形　ウ 終止形　エ 連体形　オ 仮定形　カ 命令形

① ・	② ・	③ ・	④ ・	⑤ ・
⑥ ・	⑦ ・	⑧ ・	⑨ ・	⑩ ・

ワンポイント
形容詞・形容動詞には、命令形がない。

重要

6 次の文の――線部①～⑩の「ない」のうち、形容詞には○と、それ以外のものには×と答えなさい。(2点×10―20点)

(1) わから①ないことを、そのままにし②ないことです。
(2) ぼくは、知ら③ない町でお金が④ないと気づき、元気がで⑤ない。
(3) 元気は⑥ないけど、歩か⑦ないわけにはいか⑧ないね。
(4) 世の中には、けっして楽しく⑨ないものは⑩ないはずだ。

①	②	③	④	⑤
⑥	⑦	⑧	⑨	⑩

ワンポイント
「ない」だけで文節を作れるか、「ない」が文節の頭にきていれば形容詞で、そうではないのが助動詞である。

重要

7 次の組の――線部の語からそれぞれ形容動詞を選び、記号で答えなさい。(2点×5―10点)

(1) ア あの家の人たちは、大変不思議な人たちだった。
イ 木の枝の鳥は、たいそう大きな鳥だった。
(2) ア あなたはとまどいながら、斜《なな》めに首をかたむけた。
イ 彼《かれ》の問いかけに、あなたは静かにうつむいた。
(3) ア 丘《おか》の上に立っている建物は、とても立派である。
イ ここは、小学生のときに通っていた学校である。
(4) ア ぼくは、どんなに寒くても平気《へいき》だ。
イ 机の上にあるのは、ぼくの帽子だ。
(5) ア 君が持っている物は、ぼくと同じなんだ。
イ 君は、ぼくの本当の気持ちを知らないんだ。

(1)	(2)	(3)	(4)	(5)

ワンポイント
連体詞は、「―だ」「―に」と活用することはできない。断定の助動詞「だ」の連体形「な」は体言に続かない。

6 名詞

◆名詞の働きについて理解しよう。
◆名詞の種類が区別できるようになろう。

【　月　日】

重要点をつかもう

■ 名詞の特徴《とくちょう》

1 **名詞**…自立語で活用がなく、「は・が・も・こそ」などを伴《ともな》って**主語になる**ことができる。物事の名称《めいしょう》を表し、「**体言**」ともいう。

2 **種類**…名詞には次の五種類がある。

①**普通《ふつう》名詞**〔一般《いっぱん》的な物事の名称を表す名詞〕

> 生徒・図書館・桜・夏・ヨット
> 中華《ちゅうか》料理・考え・正しさ・悲しみ

②**固有名詞**〔地名・人名など、ただ一つだけ存在するものの名称を表す名詞〕

> 夏目漱石《なつめそうせき》・徒然草《つれづれぐさ》・アジア
> 太平洋・日本・富士山・東京都庁

③**数詞**〔ものの数量や順序などを表す名詞〕

> 一本・二匹《ひき》・三枚・第四・一丁目
> 一番地・二メートル・五時三〇分

④**形式名詞**〔本来の意味が薄《うす》れ、常に連体修飾《しゅうしょく》語を伴う名詞〕

Step 1 基本問題

解答▼別冊 8ページ

1 [主述関係] 次の文の――線部の名詞が主語であるものをすべて選び、記号で答えなさい。

ア 私はうなぎ弁当がとても好きだ。
イ 日曜日に本を図書館で借りたい。
ウ 太郎《たろう》君がテレビを見て笑っていた。
エ 僕も君のことを信じているよ。
オ 知っていたんだね、あなたは。

〔　　〕

重要 **2** [主語] 次の文から、主語を一文節で抜《ぬ》き出しなさい。

(1) 川の向こうにバス停《てい》があるはずだ。
(2) 彼はめったに学校時代の話はしない。
(3) 昔、浦島太郎《うらしまたろう》があそこに住んでいた。
(4) その町の誰も亀《かめ》の話を信じなかった。
(5) あなたこそ大統領にふさわしい人だ。

(1)〔　　〕 (2)〔　　〕 (3)〔　　〕 (4)〔　　〕 (5)〔　　〕

重要 **3** [名詞] 次の文から、名詞をすべて抜き出しなさい。

(1) よい話し手は、よい聞き手が作ると言われている。〔　　〕
(2) 遊園地をあちらこちらと歩き回って探したが見つからなかった。〔　　〕
(3) ここはラムサール条約で厳しく守られている湿地《しっち》帯である。〔　　〕
(4) この暖かさのために、なかなか眠気《ねむけ》がとれなくて困っている。〔　　〕
(5) いったい「心」は、どこにあるといえばよいのであろうか。〔　　〕

ところ・もの・とおり・つもり
わけ・はず・ため・うち・とき

⑤代名詞〔人物・物事・場所・方向などを指し示すために用いられる名詞〕

(1) 人称《にんしょう》代名詞〔人を指し示す代名詞〕

自称		私・僕《ぼく》・おれ
対称		あなた・君・おまえ
他称	近称	このかた・こいつ
	中称	そのかた・そいつ
	遠称	あのかた・あいつ 彼《かれ》・彼女《かのじょ》
不定称		誰《だれ》・どのかた・どいつ

(2) 指示代名詞〔物事・場所・方向などを指し示す代名詞〕

他称		物事	場所	方向
近称	こ	これ	ここ	こちら こっち
中称	そ	それ	そこ	そちら そっち
遠称	あ	あれ	あそこ	あちら あっち
不定称	ど	どれ	どこ	どちら どっち

重要 **4** 【名詞の種類】次の文の——線部①～⑳の名詞の種類をあとから選び、記号で答えなさい。

(1) 「大変な事が出来たといひながら大変な事を話さずに帰るのはひどい」（①明治三十七年②九月三十日）③これは④小石川《こいしかわ》の⑤原《はら》町に下宿していた寺田寅彦《てらだとらひこ》にあてたはがき。⑥寅彦が帰るとすぐ書いたものであろう。言いそびれて帰った気持ちをやわらかく包む、甘酸《あまず》っぱい⑦愛情が感じられる。それにこれは、自筆の水彩《すいさい》画のかかれた⑧絵はがきである。⑨このごろの若い人たちの間では、はがきに⑩イラストをかくのが流行しているが、漱石《そうせき》もかなりしばしば自筆水彩画つきのはがきを出している。

（外山滋比古《とやましげひこ》「ことばのある暮《く》らし」）

(2) ⑪タクシーは、明るい街と暗い街とを縫《ぬ》うようにしばらく走ってから、ちいさな家々がぎっしりと立て込《こ》んでいる裏町のせまい道の⑫途中《とちゅう》で停《と》まった。⑬キワは、降りると、⑭ブランコに乗りすぎたときのように⑮躯《からだ》がふらふらとした。そっと生唾《つば》を吐《は》きながら、⑯女の人のあとについて暗い路地の奥《おく》までいくと、⑰そこに父親が封筒《ふうとう》の裏に書いてきた⑱楽々荘《そう》というアパートがあった。細い廊下《ろうか》の両側に、入口の板戸が幾《いく》つも並んでいる古びた木造のアパートで、女の人はその板戸の⑲一つを持っていた鍵《かぎ》で難なく開けると、「さあ、どうぞ。自分の家だと思って気軽にして⑳頂戴《ちょうだい》。」と、まるで自分がその部屋の主《あるじ》であるかのような口ぶりでいった。

（三浦哲郎《みうらてつお》「木馬の騎手《きしゅ》」）

ア 普通名詞　イ 固有名詞　ウ 数詞　エ 形式名詞　オ 代名詞

①〔　　〕②〔　　〕③〔　　〕④〔　　〕⑤〔　　〕
⑥〔　　〕⑦〔　　〕⑧〔　　〕⑨〔　　〕⑩〔　　〕
⑪〔　　〕⑫〔　　〕⑬〔　　〕⑭〔　　〕⑮〔　　〕
⑯〔　　〕⑰〔　　〕⑱〔　　〕⑲〔　　〕⑳〔　　〕

解答▼別冊 8ページ

時間 20分　合格点 80点　得点 点

【 月 日】

1 次の文の[A]〜[J]に入る言葉を答えなさい。(2点×10—20点)

自立語で活用がなく、主語になることができるものを[A]という。[A]には、物事の名称《めいしょう》を表す[B]がある。[B]には、一般《いっぱん》の物事の名称を表す普通《ふつう》名詞、人名や書名・国名など、ただ一つしかないものの名称を表す[C]、数量や順序を表す数詞、「こと・とおり・はず・ほう・ため」のように、もとの意味を失って、形式的に用いられる[D]、物事を指し示す[E]の五種類がある。また、「楽しい」(形容詞)→「楽しみ」(名詞)のように、ほかの品詞から転じて名詞になった[F]や「青い」＋「空」→「青空」のように、二つ以上の言葉が結合してできた[G]、さらに「お茶」「君たち」のように[H]や接尾《せつび》語がついて一単語となっている名詞もある。[E]には、人を指す[I]と物事・場所・方角などを指し示す[J]がある。

A	F
B	G
C	H
D	I
E	J

ワンポイント

転成名詞には、「歩み」「通い」「運び」のように動詞から転じたもの、「軽さ」「細さ」「赤み」「深み」などのように形容詞や形容動詞の語幹に「さ」・「み」がついてできたものなどがある。

2 次の名詞は、A普通《ふつう》名詞、B固有名詞、C数詞、D形式名詞のどれか。記号で答えなさい。(2点×10—20点)

(1) 自由　(2) みかん畑　(3) 宮澤賢治《みやざわけんじ》　(4) こと

(5) 三匹《びき》　(6) 北海道　(7) 七時　(8) お母さん

(9) ため　(10) 流れ

(1)	(6)
(2)	(7)
(3)	(8)
(4)	(9)
(5)	(10)

重要

3 次の文の——線部の体言を含《ふく》む文節の文の成分として最も適切なものをあとから選び、記号で答えなさい(同じ記号を何度使ってもかまいません)。(2点×10—20点)

(1) 特にバスケットボールが人気だ。

(2) 木の陰《かげ》で人気者の山田君が泣いている。

(3) ジョン、いままでどこへいっていたの。

(4) 僕《ぼく》にはその美しさがまぶしかった。

(5) よく、明日は明日の風が吹《ふ》くという。

(6) 私の家の玄関《げんかん》はこちらです。

(7) 雪、そう、もう冬がやって来たのです。

(8) あれはなかなかいい曲だった。

(9) 僕の部屋は、アパートの六階です。

(10) 吹いてくる東風が春の訪《おとず》れを告げている。

ア 主語　イ 述語　ウ 修飾《しゅうしょく》語　エ 接続語　オ 独立語

(1)	(2)	(3)	(4)	(5)
(6)	**(7)**	**(8)**	**(9)**	**(10)**

重要

4 次のグループの名詞から種類の異なる名詞を選び、記号で答えなさい。（2点×5―10点）

(1) ア 芥川龍之介《あくたがわりゅうのすけ》　イ 松尾芭蕉《まつおばしょう》　ウ トルストイ　エ 小説家　オ 源氏物語《げんじものがたり》

(2) ア 学校　イ 授業　ウ 運動会　エ 三等賞　オ 優等生

(3) ア 見るとき　イ さわること　ウ 聴《き》くはず　エ 食うため　オ 人気もの

(4) ア 一位　イ 二番目　ウ 三段目　エ 四日市　オ 五回戦

(5) ア 五重の塔《とう》　イ 観光客　ウ 京都　エ お寺　オ 桜並木

(1)	(2)	(3)	(4)	(5)

ワンポイント

普通名詞・固有名詞・数詞・形式名詞の性質を確実に理解しておこう。

5 次の文から、代名詞を抜《ぬ》き出しなさい。（2点×5―10点）

(1) 幸福の青い鳥があそこにいるはずだ。

(2) 誰《だれ》でもいいから、早く来てほしい。

(3) どっちに行っていいか、わからない。

(4) 「そう、それでいいんだ」と太郎《たろう》は言った。

(5) 昨日のことは、あなたとだけの秘密です。

(1)	(2)	(3)	(4)	(5)

重要

6 次の文の――線部①～⑳は、A普通名詞、B固有名詞、C数詞、D形式名詞、E人称代名詞《にんしょう》、F指示代名詞、Gその他の品詞のどれか。記号で答えなさい。（1点×20―20点）

(1) 僕たち①二人は、②元安川《もとやすがわ》で③ボートに乗った。川の④流れにまかせていくと、⑤原爆《げんばく》ドームが見えた。⑥八月の⑦広島は、⑧祈《いの》りの町だ。⑨そこでは、誰もが⑩人間の過去と未来とを⑪瞬時《しゅんじ》に思う。ゆっくりと時は⑫流れていく。

(2) ⑬三時に映画館に行く⑭約束をしていた⑮はずなのに、いつまで待っても来ない。ふと向こうの⑯通りを見ると、⑰あいつが歩いて行く。⑱どこへ行くつもりなのか、三丁目のバス停で、どうも⑲誰かを待っているようだ。彼《かれ》の言った⑳とおりだった。

①	②	③	④	⑤
⑥	**⑦**	**⑧**	**⑨**	**⑩**
⑪	**⑫**	**⑬**	**⑭**	**⑮**
⑯	**⑰**	**⑱**	**⑲**	**⑳**

ワンポイント

人称代名詞のうち、「不定称」の代名詞に注意したい。

第2章 自立語

7 副詞・連体詞

◆副詞、連体詞の性質や働きについて理解しよう。
◆ほかの品詞との区別ができるようになろう。

【　月　日】

重要点をつかもう

■ 副詞の特徴《とくちょう》

1 副詞…自立語で活用がなく、主に用言を含《ふく》む文節を修飾《しゅうしょく》する。

2 種類…副詞には、状態の副詞、程度の副詞、陳述《ちんじゅつ》（呼応・叙述《じょじゅつ》）の副詞の三種類がある。

①**状態の副詞**（用言〈特に動詞〉を修飾。）

彼《かれ》にそっとつぶやいた。〔動詞〕

それをずっと続けている。〔動詞〕

・**オノマトペ**（擬態《ぎたい》語・擬音語）も、**状態の副詞**である。

雷がゴロゴロと鳴っている。〔動詞〕

犬がワンワン鳴いていた。〔動詞〕

②**程度の副詞**（主に用言を修飾するが、**副詞・名詞**なども修飾する。）

これはかなり高い山だ。〔形容詞〕

ずいぶん急な話だ。〔形容動詞〕

③**陳述**（**呼応・叙述**）**の副詞**（ある特定の言い方を要求し、**呼応の関係**を作る。）

Step 1 基本問題

解答▼別冊 9ページ

1 [副詞] 次の文から、副詞を抜《ぬ》き出しなさい。

(1) 妹がベッドでぐっすり眠《ねむ》っている。
(2) この村にも、やっと春が来たようだ。
(3) 裏庭でポチがワンワンほえている。
(4) 少年は遠い星からはるばるやってきた。
(5) 彼の切なる願いをどうか聞いてほしい。
(6) 君はまるでイルカのように泳げるんだね。
(7) 大きなつづらのほうが、ずっと重いよ。
(8) 公園で赤ちゃんがよちよち歩いていた。
(9) あの計画をぜひやりとげたい。
(10) あのときに、ふと思いついた。

(1)［　　］ (2)［　　］ (3)［　　］ (4)［　　］ (5)［　　］
(6)［　　］ (7)［　　］ (8)［　　］ (9)［　　］ (10)［　　］

2 [連体詞] 次の文から、連体詞を抜き出しなさい。

(1) あの人は、とてもまじめな人物だ。
(2) 小さな思い出を、大切に胸にしまった。
(3) とんだ失敗をしでかしてしまった。
(4) いろんな人がいるからこそおもしろい。
(5) ある強い感情が理性を奪《うば》い去った。
(6) それは、本当におかしな出来事だった。
(7) 彼は去る六月二十三日に帰国した。
(8) 引っ越《こ》ししたのは、ほんの三日前のことだ。
(9) 君は、どの乗り物でここに来たの。
(10) これは、たいした失敗ではなかろう。

(1)［　　］ (2)［　　］ (3)［　　］ (4)［　　］ (5)［　　］
(6)［　　］ (7)［　　］ (8)［　　］ (9)［　　］ (10)［　　］

きっと来るだろう。〔きっと～だろう〕
まるで絵のようだ。〔まるで～ようだ〕

・呼応の副詞の呼応関係

めったに・けっして～ない（打ち消し）
たぶん・おそらく～だろう（推量）
まるで・ちょうど～のようだ（たとえ）
まさか・よもや～なかろう（打ち消しの推量）
たとえ・もし～ならば・ても（仮定）
必ず・むろん～ちがいない・だ（断定）
なぜ・どうして～だろうか（疑問・反語）
ぜひ・どうか～ほしい・たい（願望）

■ 連体詞の特徴

1 連体詞…自立語で活用がなく、**体言を修飾する**。**連体修飾語にしかならない**。

2 分類…連体詞は、次の五つのタイプに分類できる。

―の	この本・その上・あの松 どの道・例の人・ほんの冗談《じょうだん》
―な	大きなお世話・小さな親切 おかしな人・いろんなお菓子《かし》
―た ―だ	たいした人 とんだ災難
―る	ある人・あらゆる手段 いわゆる正直者・来《きた》る十五日 いかなる方法・単なるうわさ
その他	わが母校・あらぬ方向

重要
3 〔副詞の修飾〕 次の文の――線部の副詞が修飾している文節を抜き出しなさい。

(1) どんぐりはコロコロ池まで転がります。
(2) やっと雲の切れ間から太陽がのぞいた。
(3) 必ずしも山田君が正しいとは限らない。
(4) 決して僕《ぼく》らのチームは負けない。
(5) 夜が明けたら、すぐに僕は出発する。

(1)〔　〕 (2)〔　〕 (3)〔　〕
(4)〔　〕 (5)〔　〕

重要
4 〔連体詞の修飾〕 次の文の――線部の連体詞が修飾している文節を抜き出しなさい。

(1) あの角を曲がると、僕たちの学校だ。
(2) あの青い建物が彼が住む家だ。
(3) これがいわゆる道草というものです。
(4) いろんな珍《めずら》しいお菓子がたくさんある。
(5) 例の作戦は、もうやめたと彼が言った。

(1)〔　〕 (2)〔　〕 (3)〔　〕
(4)〔　〕 (5)〔　〕

重要
5 〔副詞の区別〕 次の文の□で囲んだ語からほかと品詞の異なるものを選び、記号で答えなさい。

ア　あらためてわが日本語をかえりみると、ただちに気付くのが「わたし」という一人《にん》称《しょう》の多様さである。
イ　「おいら」「こちとら」といったものまで加えれば、その数、ゆうに二十を超《こ》えるという。
ウ　たしかに日本で個人主義が芽生えたのは、ようやく第二次大戦後といってもいい。
エ　画一主義とは没《ぼっ》個性的ということであり、要するに、「個」が「全体」に埋没《まいぼつ》してしまっている状況《じょうきょう》である。
オ　げんに「人間」という言葉自体がそうした考え方を正直に語っている。

〔大阪教育大附高（平野）〕

〔　〕

解答▼別冊 9ページ

時間 20分　合格点 80点　得点 　点

【　月　日】

重要

1 次の問いに答えなさい。（6点×8―48点）

(1) 次の文の――線部の語からほかと品詞の異なるものを選び、記号で答えなさい。

ア コンサートの場合は、いきなり高い音から決めなければならない曲もあったりして、そうはいかない。

イ 会場がとても乾燥《かんそう》していたことがアダになった。

ウ 困ったけれど、僕《ぼく》は意外とこんなピンチには強い。

エ なにしろ肝心《かんじん》の音が出ないのだ。

〔大阪〕

(2) 次の文の＝＝線部からほかと品詞の異なるものを選び、記号で答えなさい。

病人がふと目をあいて、アしきりに息を吸い上げるような気ぶりをするのが、イどうも匂《にお》いを嗅《か》いでいるようなので、付添《つきそ》っていた浜田《はまだ》先生が耳のはたで、おでんの匂《にお》いですよというと、こくりこくりと肯《うなず》いた。浜田先生には二十何年ウずっと一緒《いっしょ》にくらしてきた舅《しゅうと》である。いま生命がせまった老人が、食物の匂いに笑みを浮《う》かべているのをみたら、エたまらなく悲しくて、オどうせ食べられはしなかろうが見せるだけでもと思って、あの大鍋《おおなべ》ごと枕《まくら》もとへもっていったそうな。

（幸田文《こうだあや》「おきみやげ」）

〔お茶の水女子大附高〕

(3) 次の文の A ～ D に入る副詞として最も適切なものをあとから選び、記号で答えなさい（同じ記号は二度使えません）。

シリウスが冷たく光り輝《かがや》く季節になった。大阪《おおさか》も A 寒い。学校の帰り道、ぼくはローソンで兄を待っていた。 B 約束の時間を一五分も過ぎているのに C 来ない。

母が会社から帰るのが遅《おそ》くなる日は兄とローソンで待ち合わせることにしている。そこで夕食を調達して、母が作っておいたサラダと一緒《いっしょ》に食べるのがきまりだ。これは大阪に来て D 母が兄にいい渡《わた》したことだ。

（ビートたけし「星の巣」）

ア まだ　イ おおよそ　ウ まるで　エ やっぱり

オ まさか　カ すぐに　キ もう　ク やがて

A	B	C	D

(4) 次の文の――線部「たまたま」がかかる語句をあとから選び、記号で答えなさい。

父も生の花は見たことがなかったかも知れない。私にはたまたま名ばかりでなくて物が見られても、干物《ひもの》しか見られなかった。これが私のサフランを見た初である。

（森鷗外《もりおうがい》「サフラン」）

ア 名ばかりでなくて　イ 見られても

ウ 干物しか　エ 見られなかった

(5) 次の文の――線部「決して」に呼応している語を、文中から抜《ぬ》き出しなさい。

　要するに科学の基礎《きそ》には広い意味における「物の見方と考え方」のいろいろな抽象《ちゅうしょう》的な典型が控《ひか》えている。これは科学的対象以外のものに対しても適用されうるものであり、また実際にも使用されているものである。それを科学がわれわれに思い出させる事は決して珍《めずら》しくも不思議でもないのである。

(寺田《てらだ》寅彦《とらひこ》「科学と文学」)

重要

2 次の問いに答えなさい。(6点×7―42点)

(1) 次の文の――線部「この」と同じ品詞であるものをあとから選び、記号で答えなさい。

　道を歩いていると、いろんな場所でお地蔵様を見かける。このお地蔵様は子供の守り神として信仰《しんこう》されており、さらにその化身《けしん》は閻魔《えんま》大王であるとされている。

ア そう遠くはなかろう
イ ある深さから下層の雪の中は
ウ そこに息づく生きものたち
エ ただ遠い景色としてながめる

(2) 次の文の――線部「大きな」と同じ品詞であるものをあとから選び、記号で答えなさい。

伊勢《いせ》物語は源氏物語や大和《やまと》物語などの物語文学だけでなく、日記文学や後世の和歌などにも大きな影響《えいきょう》を与《あた》えた。

ア 危険な漂流《ひょうりゅう》物
イ 単なる不注意
ウ 長いこうもり傘《がさ》
エ 縮める性向

(3) 次の組の――線部の語から連体詞を選び、記号で答えなさい。

① ア そこにある本を取ってもらいたい。
　 イ そこにある本が置かれていました。
② ア とても小さな湖が目の前にあった。
　 イ とても小さい足をしていて驚《おどろ》いた。
③ ア これらのなぞは簡単には解けない。
　 イ このなぞはとても解けそうにない。
④ ア 来《きた》る二十五日に、学校祭が行われる。
　 イ 学校祭には、有名歌手が来る予定だ。
⑤ ア 地震《じしん》で、とんだ災難をこうむった。
　 イ 地震は、とんでもない災難だった。

①　②　③　④　⑤

ワンポイント
連体詞は体言を修飾《しゅうしょく》するが、活用がないことに注意する。

3 次の文から連体詞を二つ抜き出しなさい。(5点×2―10点)

　地球上に生きるわれわれは、いかなるときにも、地球環境《かんきょう》を守るためにあらゆる手段を尽《つ》くす必要があろう。

第2章 自立語

8 接続詞・感動詞

【　月　日】

◆接続詞、感動詞の性質や働きについて理解しよう。
◆ほかの品詞との区別ができるようになろう。

重要点をつかもう

■ 接続詞の特徴《とくちょう》

1 接続詞…自立語で活用がなく、単独で文・文節・単語どうしを結び付ける。

2 用法…用法には、次の六種類がある。

①順　接

| だから・すると・そこで・そして |

風が吹《ふ》いた。すると、りんごが落ちた。

②逆　接

| しかし・だが・ところが・が・でも |

風は強い。だが、日ざしはやわらかい。

③並立《へいりつ》・累加《るいか》（添加《てんか》）

| そして・また・および・さらに・なお |

雨が降ってきた。さらに、風まで出た。

④対比・選択《せんたく》

| または・それとも・あるいは |

電車、または、バスで行きます。

⑤説明・補足

| つまり・すなわち・たとえば・ただし |

彼《かれ》は姉の子、つまり、おいだ。

Step 1 基本問題

解答▼別冊10ページ

重要 **1** ［接続詞］次の組の――線部から接続詞を選び、記号で答えなさい。

(1) ア 青空の下、バスケットボールをすると気持ちがいい。
　イ ゆっくりと幕が上がる。すると、前奏曲が始まった。

(2) ア そんな簡単なことは、サルでもできることだ。
　イ 駅に急いだ。でも、新幹線に間に合わなかった。

(3) ア 食料が底をついたので、明日もまたカボチャだ。
　イ 山伏《やまぶし》は、修行《しゅぎょう》のために山また山を越《こ》えていく。

(4) ア もっとも、君が彼の家に行くのなら話は別だ。
　イ 国際平和を実現するのは、もっとも難しい問題だ。

(5) ア 残念ながら負けてしまった。が、いい試合だった。
　イ さすがに相手は強いが、ともかく全力で当たろう。

(1)［　］ (2)［　］ (3)［　］ (4)［　］ (5)［　］

重要 **2** ［感動詞］次の組の――線部から感動詞を選び、記号で答えなさい。

(1) ア あれがパリの灯《ひ》だ。　イ あれ、停電だ。

(2) ア ちょっと話がある。　イ ちょっと、話を聞いてくれ。

(3) ア いや、大したことではない。　イ 僕《ぼく》はいやだよ。

(4) ア ねえ、何もわかっていないの。　イ 何もわかってないのねえ。

(5) ア 早くやれやれ。　イ やれやれ、やっと終わった。

(1)［　］ (2)［　］ (3)［　］ (4)［　］ (5)［　］

⑥転《てん》換《かん》

ところで・では・さて・それでは

やっと終わった。さて、休憩《きゅうけい》しよう。

■感動詞の特徴

1 感動詞…自立語で活用がなく、単独で独立語として用いられる。

2 用法…用法には、次の**五種類**がある。

①**感動**

ああ・あら・おや・まあ・やれやれ

ああ、また失敗してしまったんだね。

②**応答**

いいえ・いや・うん・ええ・はい

はい、私が行こうと思っています。

③**呼びかけ・注意**

ねえ・もしもし・ちょっと・ほら

ほら、あの青い空を見上げてごらん。

④**あいさつ**

おはよう・こんにちは・さようなら

こんにちは、お元気ですか。

⑤**かけ声**

えい・それ・よいしょ・どっこいしょ

えい、と高いところから飛び降りた。

---

3 **[接続詞の用法] 次の文の――線部の接続詞の用法として最も適切なものをあとから選び、記号で答えなさい。**

(1) 舞台《ぶたい》の幕が下りた。「では、みなさま、さようなら。」
(2) お菓子《かし》を食べてよろしい。ただし、手を洗ってからね。
(3) 本当に疲《つか》れた。けれども、最後まで走りぬいた。
(4) 彼はとても素直《すなお》で、しかもたいそう優《やさ》しい人物だ。
(5) 跳《と》び箱を思い切り飛んだ。だから、うまくいった。

ア 順接　イ 逆接　ウ 並立・累加　エ 対比・選択　オ 説明・補足　カ 転換

(1)[　　] (2)[　　] (3)[　　] (4)[　　] (5)[　　]

4 **[感動詞の用法] 次の文の――線部の感動詞の用法として最も適切なものをあとから選び、記号で答えなさい。**

(1) もしもし、長くご無沙汰《ぶさた》していますが、皆《みな》さまお元気でお過ごしですか。
(2) はい、父も母もみんなとても元気でおります。そちらは、いかがですか。
(3) おや、あちらからやって来るのは、隣《となり》の太郎《たろう》君ではないかな。
(4) おじいさんが、よいしょと言ってイスから立ち上がった。
(5) こんばんは。今夜は、とても暑い夜になりそうですね。

ア 感動　イ 応答　ウ 呼びかけ　エ あいさつ　オ かけ声

(1)[　　] (2)[　　] (3)[　　] (4)[　　] (5)[　　]

重要
5 **[接続詞・感動詞] 次の文から接続詞と感動詞を、それぞれ抜《ぬ》き出しなさい。**

空を流れる白い雲に、「おおい。」と声をかけてみた。すると、空から「こんにちは。」と声が返ってきたような気がして、さわやかな気持ちになった。さらに、夏にしては涼《すず》しい風が吹いてきて、いっそうすがすがしく感じられた。だから、私は思わず隣の彼に「ほら、見てごらん。空の雲が笑っているよ。」とつぶやいていた。

接続詞[　　]　感動詞[　　]

解答▼別冊10ページ

時間 20分　合格点 80点　得点　点

【　月　日】

1 重要

次の文の——線部ア〜オから接続詞をすべて選び、記号で答えなさい。（完答6点）

ぼくの家は、都会のはしのほうの古い町の中にある。アいや……父の話では、町は古いが以前はあっちこっちに畑もあって、のんびりしたところだったそうだ。それが今では家だらけになり、古い家は取り壊《こわ》されて新しくなったりマンションが建ったりで、昔とはイまるで変わってしまった——のだそうである。ウでもぼくはエそんな昔のことは知らないから、町ってまあこんなものだと思っていたのだ。

オところが、家の近くの何十軒《けん》かがいっぺんに立《た》ち退《の》きになった。何でも十六階建てのマンションが建設されるとのことで、それらの家は次から次へと壊されて行った。ジュースの自動販《はん》売《ばい》機を置いていた菓《か》子《し》店も潰《つぶ》されてしまい……後は、ロープを張りめぐらした広い空き地になったというわけである。

（眉村卓《まゆむらたく》「原っぱのリーダー」）

2

次の文の——線部「決して」と同じ種類の品詞を含《ふく》む一文として最も適切なものをあとから選び、記号で答えなさい。（6点）

そのため、使用語彙《ごい》も、談話の場面と連動して、はなはだ具体的な個別的意味となり、決して辞書にあるような無味乾燥《かんそう》な抽象《ちゅうしょう》的概念《がいねん》の意味内容とはなっていかないのである。

（森《もり》田《た》良行《よしゆき》「日本人の発想、日本語の表現」）

ア おそらく電車に間に合わないだろう。
イ 彼女《かのじょ》はいつも慌《あわ》ただしい。
ウ 彼《かれ》は人前ですぐに赤くなる。
エ 今日はとても寒い日だ。
オ 息子《むすこ》の手をしっかりと握《にぎ》りしめた。

〔専修大附高—改〕

3 重要

次の文の（　）に入る接続詞をA群から、その接続詞の働きをB群からそれぞれ選び、記号で答えなさい。（4点×10—40点）

(1) 今日はとても天気がいい。（　）、風もない。
(2) やっと着いた。（　）、何か食べたいな。
(3) 全員がんばった。（　）力及《およ》ばず負けた。
(4) 朝寝坊《ねぼう》した。（　）、学校に遅刻《ちこく》した。
(5) 体言とは（　）、名詞のことである。

〔A群〕
ア だが　イ つまり　ウ だから
エ また　オ ところで

〔B群〕
カ 前の事柄《ことがら》についての説明や補いを表す。
キ 前を受け、その順当な結果があとにくることを表す。
ク 前後の事柄を対等に並べることを表す。
ケ 話題を変えることを表す。
コ 前の事柄とあとの事柄が逆になることを表す。

(1) ・	(2) ・	(3) ・
(4) ・	(5) ・	

〔目黒日本大高〕

ワンポイント
カは説明・補足、キは順接、クは並立《へいりつ》、ケは転換《てんかん》、コは逆接を表す接続詞である。ア～オのどの働きにあたるか。

4
次の文の――線部から感動詞を選び、記号で答えなさい。（4点）

ア 直感は、反射的に「これだ！」と確信を持つ感覚だ。
イ 「ん？ あれ？」という違和感《いわかん》が働く。
ウ 「でも、きっと大丈夫《だいじょうぶ》。」
エ 「まさかこんなことになるなんて……」ということが起こる。

[　　]

〔大分〕

5 重要
次の文の[A]～[E]に入る接続詞をあとから選び、記号で答えなさい。（4点×5―20点）

昨晩、僕《ぼく》は遅《おそ》くまで起きていた。[A]、今朝は寝《ね》過ごしてしまった。[B]、バスに乗り遅《おく》れてしまった。[C]、学校には遅刻しなかった。

[D]、来週の日曜日には、父の弟[E]、叔父《おじ》さんが東京から我《わ》が家にやってくるそうだ。

ア ところが　イ つまり　ウ または
エ しかも　オ だから　カ ところで

A	B	C	D	E

6 重要
次の文の[A]～[E]に入る感動詞をあとから選び、記号で答えなさい。（4点×5―20点）

朝出かけようとすると、「[A]」と遠くから僕を呼ぶ声がした。あれはぼくと同じクラスの太郎《たろう》くんだ。近づいてきた彼に、僕は「[B]。」と挨拶《あいさつ》をした。
「[C]、君。今日の放課後、一緒《いっしょ》に野球をしないか。」「[D]、いいよ。でも、今日は七時間目があるから、帰りが遅《おそ》くならないかな。」「[E]、大丈夫だよ。まだまだ明るいからね。」
二人で話しながら学校へと向かった。

ア うん　イ おはよう　ウ やれやれ　エ もしもし
オ おおい　カ なあ　キ おや　ク いや

A	B	C	D	E

7
次の文から感動詞をすべて抜《ぬ》き出しなさい。（完答4点）

やあ、山口くん。こんにちは。今日はいい天気ですね。ほら、見て下さい。雲一つない青空ですよ。

[　　]

Step 3 実力問題

解答▼別冊11ページ

時間 20分　合格点 80点　得点 点　【 月 日】

1 次の文の——線部の動詞の活用の種類と活用形を、それぞれあとから選び、記号で答えなさい。（4点×10―40点）

(1) 工場で労働の経験をつめば、労働者の生活を扱《あつか》ったリアリズム映画などを理解するうえに便利である。

(2) 不利な条件を克服《こくふく》して勉強した者、という意味で用いられているが、独学のほうが有利なばあいもある〜。

(3) まだ誰《だれ》にもわかっていないことを学ぼうとするわけだから、独学するより仕方がないのである。

(4) いくら独りで研究をすすめても、いわゆる独学者とは区別されるんだ、と。

(5) 一人だちして進むことはできないとすると、独学はとても無理、ということにもなる。

《活用の種類》
ア 五段活用　イ 上一段活用　ウ 下一段活用
エ サ行変格活用　オ カ行変格活用

《活用形》
カ 未然形　キ 連用形　ク 終止形
ケ 連体形　コ 仮定形　サ 命令形

(1)　・	(2)　・	(3)　・
(4)　・	(5)　・	

〔大阪教育大附高（池田）〕

2 次の文の——線部からほかと品詞の異なるものを選び、記号で答えなさい。（5点）

ア 荒々《あらあら》しく摑《つか》む。
イ 笑ってみろよ、東真《あずま》。
ウ 小さな鋭《するど》い痛みが走る。
エ 傍《そば》にいて楽しかったんだ。

〔佐賀〕

3 次の文の——線部「ある」から連体詞を選び、記号で答えなさい。（5点）

ア 友達の通っている教会は町外れにある。
イ 私の姉は高校生で、私は中学生である。
ウ ゴミ箱に捨ててあるDVDが処分された。
エ ある日、気がつくと虫歯になっていた。
オ 使ったものは、あるべき所に戻《もど》しなさい。

〔大阪女学院高〕

重要

4 次の文の——線部「はるかに」と同じ品詞のものをあとから選び、記号で答えなさい。（5点）

詩歌や絵画にくらべて、はるかに大きな制約を負わされている。

ア 身近な庭の一角を、遠い「名所」に見立てて喜んだのである。
イ べつに「天《あま》の橋立《はしだて》」でなくても十分うつくしい池〜。

ウ 名所の風景のなかからもっとも本質的な部分を〜。
エ ここでとくに「名所」ということばが使われているのは〜。
オ 平安時代の人間はすでに「名所」の観念を持っており、〜。

〔高田高〕

5 次の文の――線部から品詞の異なるものを選び、記号で答えなさい。（5点）

ア 野山の若々しさ　イ 息づきとにぎわい
ウ 山すその道ばた　エ うれしい春の光景

〔千葉〕

6 重要 次の文で呼応の副詞（あとに続く言葉が決まっている副詞）を含《ふく》むものをすべて選び、記号で答えなさい。（5点）

ア 山里はけっして自然そのものではない。
イ 少なくともあまり快適ではない場所になってしまい、〜。
ウ 里山の美への憧《あこが》れはますます高まっている。
エ 今やっと、人工の美ではなく自然の美を求める気持ちになってきたのだろうか？
オ もしそうであるのなら、それは喜ばしいことであろう。

7 重要 次の文の――線部「大きな」と同じ品詞の言葉をあとから選び、記号で答えなさい。（5点）

それは、ものすごく大きな一歩です。

ア むしろ苦手なものの方が味が出るし、〜。
イ その仕事は天職になるんです。
ウ それは恐《おそ》ろしいことです。
エ それが、人を進化させるんです。

〔茨城〕

8 次の文の――線部から品詞の異なるものを選び、記号で答えなさい。（5点）

ア このとらわれ　イ 「輝《かがや》かなきゃ」という思い
ウ 輝きを奪《うば》う　エ 考えないようにすればよい
オ 喜びや感激などの感情

〔秋田〕

9 次の文の――線部①〜⑤の品詞名を答えなさい。（5点×5―25点）

北海道の石狩《いしかり》川のほとりに暮らす農家に、十四になる八太郎《はちたろう》という少年がいました。ある日の①こと、八太郎は石狩川にそって山へかりに出かけました。
鳥を追いながら高いがけの下へさしかかったとき、八太郎は、ふと一羽の若いわしが、つばさに傷を受け、飛べ②ないでいるのを見つけたのです。八太郎は、③その傷ついたわしを④やっと自分の両うででかかえながら、家へ帰ってきました。⑤そして、湯をわかして、わしの傷を洗い、それから、物置小屋の中に、わらと草とで巣を作ってやりました。

（菊池寛《きくちかん》「三人兄弟」）

①	②	③
④	⑤	

9 助動詞 ①

【　月　日】

◆主な助動詞の用法（意味）について理解しよう。
◆助動詞の用法（意味）の区別ができるようになろう。

重要点をつかもう

■ 助動詞の特徴《とくちょう》

1 助動詞…単独では文節を作れない。ほかの品詞に付属していろいろな意味をそえる働きをし、**活用がある**。

2 助動詞の主な用法 (1)

(1) **れる・られる**

①**受け身**（ほかから〜される）
県大会の代表として選ばれる。

②**可能**（〜することができる）
私はどこでも寝《ね》られる。

③**尊敬**（〜れる）（動作主を敬う。）
先生が学校の歴史について話される。

④**自発**（自然と〜なる）
子ども時代のことがしのばれる。

(2) **う・よう**

①**推量**（〜だろう）（ほかを推《お》し量る。）
彼《かれ》はもうすぐやって来るだろう。

②**意志**（〜よう）（話し手の意志を表す。）
図書館に行って、本を読もう。

③**勧誘《かんゆう》**（〜よう）（ほかに誘《さそ》いかける。）
明日、一緒《いっしょ》に映画を見に行こう。

Step 1 基本問題

解答▼別冊11ページ

1 **［「れる・られる」の用法］** 次の文の——線部の用法として最も適切なものをあとから選び、記号で答えなさい。

(1) 十年前に離《はな》れた故郷のことがなつかしく思い出される。　［　　］

(2) 生徒会の役員会で、委員長に選ばれることになった。　［　　］

(3) その件については、あなたの言われたとおりでした。　［　　］

(4) この高原に立つと、町が一目で見られる。　［　　］

ア 受け身　イ 尊敬　ウ 可能　エ 自発

2 **［「う・よう」の用法］** 次の文の——線部の用法として最も適切なものをあとから選び、記号で答えなさい。

(1) テニスの試合でとても疲《つか》れたので、今夜は早く寝よう。　［　　］

(2) 西の山があかね色に染まっているので、明日は晴れよう。　［　　］

(3) もうすぐお日様が西の空に沈《しず》むから、急いで帰ろうよ。　［　　］

ア 推量　イ 意志　ウ 勧誘

3 **［「た（だ）」の用法］** 次の文の——線部の用法として最も適切なものをあとから選び、記号で答えなさい。

(1) バスケットの試合は、たったいま終わったばかりだ。　［　　］

(2) 庭一面に雪が積もっていて、今朝はとても寒かった。　［　　］

(3) 海に面した窓を開けると、波が白く輝《かがや》いて見える。　［　　］

(4) あなたはバラがお好きでしたね。　［　　］

ア 過去　イ 想起（確認）　ウ 存続　エ 勧誘　オ 命令　カ 完了

(3) まい
①打ち消し（否定）の推量
〔〜ないだろう〕
明日の午前中は、まだ雨はやむまい。
②打ち消し（否定）の意志
〔〜ないつもりだ〕
あの店には、もう二度と行くまい。

(4) た（だ）
①過去〔〜した〕
去年の冬は、とても寒かった。
②完了《かんりょう》〔ちょうど〜した〕
ちょうど今、駅に着いたところだ。
③存続〔〜ている〕
庭に咲《さ》いたチューリップの花を摘《つ》む。
④想起（確認《かくにん》）
明日は太郎《たろう》くんの誕生日だったよね。

(5) だ・です
・断定〔〜である〕
その人気マンガの作者は彼だ。
※「です」は丁寧《ていねい》な断定ともいう。
あれが私が通っている学校です。

(6) せる・させる
・使役《しえき》〔相手に〜させる〕
母が赤ちゃんにミルクを飲ませる。
姉が妹にケーキを食べさせる。

重要
4 ［助動詞］次の文から、助動詞をそれぞれ抜《ぬ》き出しなさい。

(1) この試合においては、きっと勝利は君のものだ。
(2) 花が見事に咲いた桜の枝をうっとりと眺《なが》める。
(3) 星空の下で、火を囲んでみんなで話をしよう。
(4) そんなやり方では、けっしてうまくいくまい。
(5) 晴れると、ここから富士山《ふじさん》が見られる。
(6) 掃除《そうじ》の時間に、ごみ箱のごみを捨てさせる。
(7) 書物を読むことで、多くのことを教えられる。
(8) 母はいつも太郎を眠《ねむ》らせてから、床《とこ》につく。

重要
5 ［助動詞の意味］次の文の――線部の助動詞の意味として最も適切なものをあとから選び、記号で答えなさい。

(1) 五歳《さい》の子どもを、隣《となり》の町までお使いに行かせる。
(2) この会場に展示してあるのが、彼の入選した作品だ。
(3) 今日は雨降りなので、家の中でゲームでもしようよ。
(4) 少しばかり失敗したので、審査《しんさ》結果が案じられる。
(5) 彼女《かのじょ》は、手芸ばかりでなく、料理も名人なのです。
(6) 駅に着いたころなので、もうすぐ彼もやって来よう。
(7) 駅のプラットホームで迎《むか》えにきた祖父と落ち合ったところだ。
(8) 緊急時《きんきゅうじ》には、ここから外に出られます。
(9) 去年の春、遊園地に遊びに行った。
(10) あまり品がよくないので、買うのはやめておこう。

ア 推量　イ 過去　ウ 可能　エ 断定　オ 勧誘
カ 自発　キ 意志　ク 丁寧な断定　ケ 完了　コ 使役

解答▼別冊12ページ

時間 20分　合格点 80点　得点 点

【　月　日】

1 次の文の[A]〜[M]に入る助動詞の用法（文法上の意味）を答えなさい。（3点×13—39点）

助動詞「れる・られる」には四つの意味がある。「先生からほめられる。」は[A]、「いつでも見られる。」は[B]、「先生が来られる。」は[C]、「思い出される。」は[D]の意味である。

助動詞「う・よう」には主に三つの意味がある。「父は、もうすぐ来よう。」は[E]、「明日、ノートを買おう。」は[F]、「演奏会に一緒《いっしょ》に行こうよ。」は[G]の意味である。

助動詞「た」には主に四つの意味がある。「去年の夏は暑かった。」は[H]、「いまやっと起きたばかりだ。」は[I]、「シールがついたパンを買う。」は[J]、「これは僕《ぼく》のだったよね。」は[K]の意味である。

助動詞「だ・です」は「これが菜の花だ。」「私の妹です。」のように[L]の意味として、助動詞「せる・させる」は「料理をさせる。」「呼んで来させる。」のように[M]の意味として用いられる。

A	B	C	D
E	F	G	H
I	J	K	L
M			

重要 **2** 次の文の——線部と同じ用法のものをあとから選び、記号で答えなさい。（5点×5—25点）

(1) 「なんだ、寝《ね》られんのか……」

ア 創立記念式典で、来賓《らいひん》の方が祝辞を述べられた。
イ 木々をわたる風の音に、秋の気配が感じられた。
ウ 英語のスピーチがうまいと、友人にほめられた。
エ 天気がよかったので、遠くの島まで眺《なが》められた。

〔宮城〕

(2) まはされてみづからまはりゐる独楽《こま》の一心澄《す》みて音を発せり　馬場《ばば》あき子《こ》

ア この駅で降りればいい。　イ 昔のことが思い出される。
ウ 会議はパリで開かれた。　エ 今から先生が話されます。

〔静岡〕

(3) 具合が悪くなると、「リセット」にして、また育て直すのだそうだ。

ア 風邪《かぜ》で休んだ。　イ 今日は寒いそうだ。
ウ 町はとても静かだ。　エ ここが彼《かれ》の家だ。

〔甲陽学院高〕

(4) 私は将来理科系の学部に進もうと思っている。

ア 丘《おか》の上からは、美しい町が見えることだろう。
イ これから毎日、十キロは走ろうと決心した。
ウ 春休みには、九州旅行に行こうよと言われた。
エ そのうち、よい知らせもこよう。

(5) たしかこの場所には、以前来たことがある。

ア 床《とこ》の間に置かれたツボは、大変すばらしいですね。
イ あなたが卒業したのは、朝日が丘小学校でしたね。
ウ 正午のサイレンが鳴ったので、昼食にしようか。
エ これは、私が中学校時代に読んだことのある本です。

(1)	(2)	(3)	(4)	(5)

ワンポイント

助動詞「た」の過去と完了《かんりょう》の区別はとても難しい。過去の「た」は「ずっと昔にそれが終わってしまった」ことを意味し、完了の「た」は「物事が現時点ですでに終わった」ことを意味する。また、「た」がイ音便（泳いだ・急いだなど）や撥《はつ》音便（飛んだ・並んだなど）に接続する場合は「だ」になることに注意しよう。

重要 3

次の文の――線部から、ほかと意味・用法の異なるものを選び、記号で答えなさい。（4点×4―16点）

(1)
ア 紹介《しょうかい》しよう。
イ 挙げられよう。
ウ いたのだろう。
エ あったろう。
オ いうことができよう。
〔国立高専〕

(2)
ア ミルクを飲ませる。
イ 農作業をまかせる。
ウ 子どもを外で遊ばせる。
エ 荷物を片付けさせる。
オ 彼に野菜を食べさせる。

(3)
ア 調子がいい時はもっと速く走られる。
イ この書類を提出すれば、すぐに家に帰れる。
ウ 今日は天気がいいので、展望台からはっきりと富士山を望まれる。
エ 日頃《ひごろ》の行いがよければ、周りから信頼《しんらい》される。
オ 一人でもレストランに入られるタイプだ。

(4)
ア 日曜日に行った遊園地は、とても混雑していた。
イ 机の上に置かれた花びんに、花がさしてあった。
ウ 割れた窓から吹《ふ》き込《こ》む冷たい風を避《さ》ける。
エ 山頂の澄《す》んだ空気を、思い切り吸い込んでみた。
オ 花壇《かだん》に咲《さ》いた花を摘《つ》み取って帰る人は許せない。

(1)	(2)	(3)	(4)

重要 4

次の文の――線部①～⑤に示された助動詞を、適切に活用させなさい。（4点×5―20点）

先生に呼ばれる①たので、急いで職員室に行ってみると、先生が「教室の掃除《そうじ》がすんだ②、一年生にグランドの整備をさせる③ておくように。」と言われた。今日は野球部の練習日だ④たのだ。ぼくたちは、「はい、わかります⑤た。」と答え、急いで一年生の教室へと向かった。

①	②	③	④	⑤

ワンポイント

助動詞には活用があるので、まずそれを覚えよう。

第3章 付属語

10 助動詞②

【 月 日】

◆主な助動詞の用法（意味）について理解しよう。
◆ほかの品詞との区別ができるようになろう。

重要点をつかもう

3 助動詞の主な用法 (2)

(1) ようだ・ようです

①比喩《ひゆ》（何かにたとえて表現する。）
舞《ま》い散る雪は、白い花びらのようだ。

②推定（根拠《こんきょ》をもって推量する。）
町までの道は、まだまだ遠いようだ。

③例示（例を挙げて説明する。）
梅や桜のような日本の花が好きだ。

(2) そうだ・そうです

①様態（物事の様子から推《お》し量ることを表す。）
西の空が暗いので、雨が降りそうだ。

②伝聞（人から聞いたことを表す。）
天気予報によると、雨が降るそうだ。

●様態の「そうだ」は**連用形**に接続し、伝聞の「そうだ」は**終止形**に接続する。

(3) らしい

・**推定**（根拠をもって推量する。）
彼《かれ》は、新幹線で東京に行くらしい。

(4) たい・たがる

・**希望**

Step 1 基本問題

解答▼別冊12ページ

1 ［「ようだ」の用法］次の文の――線部「ようだ」の意味として最も適切なものをあとから選び、記号で答えなさい。

(1) 将来は小説を書いて、夏目漱石《なつめそうせき》のような文豪《ぶんごう》になりたい。〔 〕
(2) やっと犯人が逮捕《たいほ》されて、一連の事件は終わったようだ。〔 〕
(3) 一歳《さい》になったばかりの赤ちゃんの手は、もみじのようだ。〔 〕

ア 例示　イ 比喩　ウ 推定

2 ［「そうだ」の用法］次の文の――線部「そうだ」が、下の（ ）内の意味になるように□に入る動詞「降る」を活用させて答えなさい。

(1) こんなに寒いと、週末にも雪が□そうだ。（様態）〔 〕
(2) テレビによると、週末にも雪が□そうだ。（伝聞）〔 〕

3 ［「らしい」の用法］次の文の――線部から、助動詞の「らしい」として適切なものをすべて選び、記号で答えなさい。〔 〕

ア ひげをはやした彼は、いかにも芸術家らしい風ぼうをしている。
イ 山小屋の窓から見ると、木々の向こうに見えるのは湖らしい。
ウ まだ三月初旬《しょじゅん》なのに、もう春らしい服装の人が増えてきた。
エ 海水浴に行った砂浜《すなはま》で、君の拾った貝は本当にめずらしい。
オ 彼女《かのじょ》からの電話によると、まもなく次の駅に着くらしい。

僕《ぼく》は将来、弁護士になりたい。
子どもが遊園地に行きたがる。
〈「たがる」は、助動詞の「たい」に接尾《せつび》語の「がる」がついたもの。〉

(5) ない・ぬ(ん)
• 打ち消し（否定）
若者は、めったに手紙を書かない。
そこへ行ってはならぬ(ん)。

(6) ます
• 丁寧《ていねい》
母は、昔の話もよく覚えています。

4 まぎらわしい品詞の識別

(1) ない

①助動詞	決して忘れない。
②形容詞	庭には池がない。
③補助形容詞	強くない。
④形容詞の一部	とても切ない。

(2) だ

①助動詞	必要なのは平和だ。
②形容動詞の一部	日本はとても平和だ。

(3) で

①助動詞「だ」の連用形	学者である。
②格助詞	筆で字を書く。
③形容動詞の連用形の一部	静かである。
④接続助詞「て」の濁音《だくおん》化	飛んでいる。

重要

4 ［「ない」の用法］次の文の――線部から、助動詞の「ない」として適切なものをすべて選び、記号で答えなさい。

ア 彼が読み終えたその本は、あまりおもしろくないそうだ。
イ 週末の台風で、大きな被害《ひがい》を受けた彼のことを思うと、胸が切ない。
ウ 「そんなほめ方では、ちっともうれしくない。」と彼女はすねて言った。
エ 彼女は、昔から無農薬の新鮮《しんせん》な野菜しか食べない主義だと聞いている。
オ 先ほどから国語辞典を探しているが、いくら探してもどこにもないんだ。
カ 彼は、数学にはめっぽう強いけれど、物理はあまり強くないらしい。
キ 目の前に故郷の風景を見ると、過去を思い出さずにはいられない。

［　　］

5 ［助動詞の意味］次の文の――線部の助動詞の意味として最も適切なものをあとから選び、記号で答えなさい。

(1) プールで泳いでいる彼の姿は、まるで大海を泳ぐイルカのようだ。［　　］
(2) 合唱コンクールでは、ステージの上で思い切り大声で歌いたい。［　　］
(3) 彼女からの連絡《れんらく》では、クラス会にはどうも彼は来ないらしい。［　　］
(4) 激しい風が吹《ふ》いているので、今にも花が散ってしまいそうだ。［　　］
(5) 二週間ばかり休みがとれたので、家族と海外旅行に行きます。［　　］

ア 様態　イ 丁寧　ウ 希望　エ 断定　オ 推定　カ 例示
キ 比喩　ク 伝聞

重要

6 ［まぎらわしい品詞の識別］次の文の――線部の語の文法的説明として最も適切なものをあとから選び、記号で答えなさい。

(1) これこそが、私がこれまで求め続けてきた記念切手だ。［　　］
(2) 学校の図書館には、私が読みたい本がない。［　　］
(3) 彼は、どんな人に対しても親切で、優《やさ》しい。［　　］

ア 形容詞の終止形　イ 形容動詞の語幹　ウ 形容動詞の活用語尾　エ 補助形容詞
オ 格助詞の濁音化　カ 助動詞の終止形　キ 助動詞の連用形　ク 形容詞の一部

Step 2 標準問題

解答▼別冊13ページ

時間 20分　合格点 80点　得点　　点

【　月　日】

1 次の文の［A］～［I］に入る助動詞の用法（文法上の意味）を答えなさい。（3点×9―27点）

助動詞「ようだ」には、「まるで白鳥のようだ。」と何かにたとえて表現する［A］の意味、「明日は晴れるようだ。」と根拠《こんきょ》をもって推量する［B］の意味、そして、「たとえば富士《ふじ》のように美しい山がある。」と例を挙げて表現する［C］の意味がある。

助動詞「そうだ」には、「このゲームは楽しそうだ。」と目で見て予測する［D］の意味と、「このゲームは楽しいそうだ。」とほかから聞いて予測する［E］の意味とがある。

助動詞「らしい」には「午後、彼《かれ》が来るらしい。」という［F］の意味があり、助動詞「たい・たがる」には「理由を知りたい。」「理由を知りたがる。」という［G］の意味がある。

また、助動詞「ない・ぬ」には「私は知らない。」「知らぬが仏」という［H］の意味が、助動詞「ます」には「雨が降っています。」という［I］の意味がある。

A	B
C	D
E	F
G	H
I	

重要 **2** 次の文の――線部の助動詞と同じ用法のものをあとから選び、記号で答えなさい。（5点×2―10点）

(1) 彼は足が速くて、空を飛んでいるようだ。

ア 最も絵がうまいのは、松田君のようだ。

イ 草原は、緑のジュウタンのように見えた。

ウ オジギソウのような、動く植物さえある。

エ みんなが寝《ね》たようなら、テレビを消そう。

(2) 教室に花を飾《かざ》ったのは、彼女《かのじょ》だそうだ。

ア 秋の夜の海は、とても寂《さび》しそうである。

イ 雨になりそうなら、すぐ迎《むか》えに行くよ。

ウ 彼が、とてもうれしそうにやって来る。

エ 週末に台風が来るそうで、大変不安だ。

3 次の文の（　）内の助動詞を適切に活用させなさい。（4点×4―16点）

(1) 悲しくて泣き（そうだ）たけれど、じっとがまんした。

(2) 祖父は友人に米寿《べいじゅ》のお祝いをされた（らしい）、嬉《うれ》しそうだった。

(3) 科学者になり（たい）ば、もっと科学の知識が必要だ。

(4) 「それなら、私が行き（ます）う。」と太郎《たろう》は申し出た。

(1)	
(2)	
(3)	
(4)	

重要

4

次の文の――線部「ない」からほかと異なるものを選び、記号で答えなさい。（5点×2―10点）

(1)
ア 都会育ちの田植えをしたことのない人。
イ 日本人の感覚に染《し》み渡《わた》っているのかも知れない。
ウ 人が手をつけていないけわしい原生林。
エ 忘れてはならない。
〔滋賀〕

(2)
ア うれしくないことはなかった。
イ そうはいかないんだ。
ウ 君にはまだわからないんだよ。
エ 詩も何も自分を救えない。
〔城北高（東京）〕

(1)	(2)

5

次の文の――線部の「ない」のうち助動詞として最も適切なものを選び、記号で答えなさい。（5点）

ア 友達に「今度食事に行かないか。」と言われた。
イ さりげないおしゃれは好感が持てる。
ウ 兄と違《ちが》って、ぼくは歩くのが速くない。
エ 本がないので、とても退屈《たいくつ》した。
オ 彼は人に寛容《かんよう》でないので、苦労した。
〔大阪女学院高〕

6

次の文の――線部の「で」のうち助動詞として最も適切なものを選び、記号で答えなさい。（5点）

ア ロケットがすごい速さで飛ぶ。
イ 話は聞いた、で、どうしたいの。
ウ 入試の答案を鉛筆《えんぴつ》で丁寧《ていねい》に書く。
エ あちらは弟で、こちらが兄だ。
オ 友達が病気で休んでいる。
〔大阪女学院高〕

7

次の文の――線部「で」の説明として最も適切なものをあとから選び、記号で答えなさい。（3点×5―15点）

(1) 駅で生徒に会った。
(2) 作者はピカソである。
(3) 母は毛糸を編んでいる。
(4) 新鮮《しんせん》で甘《あま》いスイカだ。
(5) 有名女優が来るそうである。

ア 形容動詞の活用語尾《ごび》
イ 助動詞（伝聞）の一部
ウ 助動詞（断定）
エ 格助詞
オ 接続助詞

(1)	(2)	(3)	(4)	(5)

8

次の文の――線部①～③の助動詞の意味・用法として最も適切なものをあとから選び、記号で答えなさい（同じ記号は二度使えません）。（4点×3―12点）

不意に、ぱさっと、なにかが屋根を一《ひ》と掃《は》きしたような①音がして、浴室の姉妹は思わず顔を見合わせた。

東京の家とは違って、この山荘《さんそう》の屋根は瓦《かわら》で②はなく薄《うす》いアスファルトの板のようなものでふいてあるだけだから、屋根の上の物音は、たとえば、小鳥の足音のような③ものでも手に取るように聞こえる。

（三浦哲郎《みうらてつお》「木馬の騎手《きしゅ》」）

ア 過去　イ 例示　ウ 断定　エ 様態　オ 希望
カ 打ち消し　キ 推量　ク 比喩《ひゆ》　ケ 伝聞　コ 推定

①	②	③

Step 3 実力問題①

解答▼別冊13ページ

時間 20分　合格点 80点　得点　点

【　月　日】

1 次の文の――線部と同じ意味・用法（働き）のものをあとから選び、記号で答えなさい。（4点×5―20点）

(1) ずっと使われてきた言葉である。

ア 友人に、誤っている言葉づかいを注意された。
イ わたしの家から図書館まで、歩いて五分で行かれた。
ウ このことはわたしにとって、よい経験だと思われた。
エ 授業が終わって、先生が職員室にもどられた。

〔埼玉〕

(2) 今日は、授業中に先生にあてられて、教科書を音読した。

ア 小学生から道を尋《たず》ねられる。
イ 校長先生が来られた。
ウ 弟は自分で着替《きが》えられた。
エ 今朝は肌《はだ》寒く感じられた。

(3) 一生懸命《けんめい》ダンスの練習をしようと意気込《ご》む友人にエールを送った。

ア 朝日が昇《のぼ》ろうとしている。
イ たとえ失敗しても最後までやり通そうと心に誓《ちか》った。
ウ 彼《かれ》が一番残念に思っただろう。
エ 来週一緒《いっしょ》に映画を見に行こうよ。

(4) 私の両親は、ともに北海道の出身だ。

ア 木の葉が散り、外はもう雪のようだ。
イ 健康にとって、大切なのは食事だ。
ウ 沖縄の夏の海は、とてもきれいだ。
エ 昨日は病気のために会社を休んだ。

(5) 空が暗くなり、今にも雨が降りそうだ。

ア 農家は、どこも後継者《こうけいしゃ》不足に悩《なや》んでいるそうだ。
イ この山は、秋の紅葉のころが最も美しいそうだ。
ウ 日本の少子化の問題は、たいそう深刻だそうだ。
エ あの人はいつも元気で、見るからに丈夫《じょうぶ》そうだ。

(1)	(2)	(3)	(4)	(5)

2 次の文から、共通語として、文法上、言葉の使い方が適切でないものを選び、記号で答えなさい。（5点）

ア かわいい子馬ににんじんを食べさせる。
イ しばらく本を読まさないほうがいい。
ウ 疲《つか》れているから今夜は早く寝《ね》させよう。
エ 今日は好きなだけ漫画《まんが》を見させてやれ。

〔高知学芸高〕

3 次の文の――線部について、助動詞「らしい」はいくつあるか。漢数字で答えなさい。（5点）

ア 午後から雨になるらしい。
イ どうやら明日は雨らしい。
ウ 子猫《こねこ》はとてもかわいらしい。
エ 春らしい天気だ。
オ 彼女《かのじょ》はとても女らしい。

〔栄東高〕

4 次の文の――線部から意味・用法が異なるものを選び、記号で答えなさい。（5点）

ア はっきりした態度は見せなかった。
イ いつにない早い帰宅だそうだ。
ウ おまえも負けずにしなければ～。
エ だれも手をあげていない。
オ 夢中にならない者があっても～。

〔洛南高〕

重要

5 次の文の――線部「で」の中から意味・用法が異なるものを選び、記号で答えなさい。（5点）

ア 田畑に引きこもっていれば済むではないか。
イ 企業《きぎょう》を仕事の面から見るか、金の面から見るかの違《ちが》いで、それは見方の違いに過ぎない。
ウ 「金を使う権利」なんてものは、死んでしまえばそれっきりである。
エ 野球部のエースは田中君で、サッカー部のエースは鈴木《すずき》君である。
オ それが私の実感で、なぜならそんなものは「権利」だからである。

〔城北埼玉高―改〕

6 次の文の――線部①～⑩の意味・用法を答えなさい。（6点×10―60点）

みると、谷むこうのがけぶちの上に、片耳の大シカとシカの群《むれ》が追いつめ①られて、五頭の猛犬《もうけん》がはげしい勢いでほえたてていた②。

片耳の大シカは、ぐっと頭をさげて、犬にむかって、その大きな角をふりたてているよう③であった。

「また、おれたちをだしぬいた④な。けれど、犬にかこまれ⑤たいじょうは、もうこっちのものだ⑥。」

おじさんは、白い歯をみせて、にこっとした。が、同時に、「ううう」と、うなって、その笑いをかみ殺した。

大シカのからだ⑦が、ひらりと動いたと思うと、一頭の犬が、その角にひっかけられて、谷底深く、マリのよう⑧に投げこまれた。

「くそっ、ぐずぐずしてはおられ⑨んぞ。さ早く。」

おじさんの声で、ぼくたちは、大シカがいるがけぶちまでできるだけ早く行きつこ⑩うと、尾根《おね》づたいに、すべったりころんだりしてかけて行った。

（椋鳩十《むくはとじゅう》「片耳の大シカ」）

①	②	③	④
⑤	⑥	⑦	⑧
⑨	⑩		

11 助詞①

【　月　日】

◆助詞の種類や用法について理解しよう。
◆助詞の用法の区別ができるようになろう。

重要点をつかもう

1 助詞…単独では文節を作れない。ほかの単語に付属していろいろな意味をそえたり、あとの単語との関係を示す働きをする。活用はない。

2 種類…格助詞、接続助詞、副助詞、終助詞の四種類。

3 助詞の用法①〈格助詞・接続助詞〉

(1) 格助詞［主に体言に接続する。］

①主語を示す。《が・の》
夏が来た。私の通う学校です。

②体言の代用をする。《の》
これは僕《ぼく》のだ。赤いのがいい。

③連体修飾《しゅうしょく》語を示す。《の》
昔の物語。もみじのような手。

④連用修飾語を示す。《を・に・へ・と・から・より・で》
花を摘《つ》む。都会に出る。東へ向かう。
彼《かれ》と行く。家から出る。私より背が高い。
木で作る。

Step 1 基本問題

解答▼別冊14ページ

1 ［格助詞の用法］次の文の A ～ E に入る格助詞を答えなさい。

アフリカ A みどりの森 B 、あかるい朝 C やってきたのに、ヒョウのとうさんは、げんきがありません。むすこのペポネのかおをみては、しんぱいそうにくび D かしげています。そして、かあさん E かおをみあわせては、ためいきばかりついているのです。

（今江祥智《いまえよしとも》「ちょうちょむすび」）

A	B	C	D	E

2 ［格助詞の用法］次の文の――線部の格助詞の意味・用法として最も適切なものをあとから選び、記号で答えなさい（同じ記号は二度使えません）。

(1) ある秋の早朝、山と山の間には霧《きり》が立ちこめていた。［　］
(2) 秋晴れの空を一ひらの白い雲がゆっくり流れていく。［　］
(3) 窓から見ると、庭一面にまっ白い雪が積もっていた。［　］
(4) 四月になり、校庭の桜の花がすっかり満開になった。［　］
(5) 大都会よりは田舎《いなか》のほうが住みやすいと思った。［　］
(6) 今年の春、隣《となり》の家の太郎《たろう》くんが高校生になった。［　］
(7) スキーをしに北海道へ行かないかと、誘《さそ》われた。［　］
(8) 昨日の大雨で大きな被害《ひがい》を受けたところがあった。［　］

ア 時間　イ 帰着点　ウ 比較《ひかく》の基準　エ 並立の関係　オ 原因・理由
カ 主語　キ 動作の場所　ク 動作の結果　ケ 動作の起点　コ 体言の修飾

⑤並立《へいりつ》を示す。《と・や・の・に》
紙とペン。犬や猫《ねこ》。いいの悪いのと言い争う。仕事に趣味《しゅみ》にと忙《いそが》しい。

●**格助詞の覚え方**
鬼《おに》が戸より出、空の部屋
（をにがとよりで、からのへや）

(2) **接続助詞**〔用言や助動詞に接続する。〕

①**確定の順接**《ので・から・と・ば・て》
雨がやんだので、傘《かさ》を忘れた。晴れたから出かけよう。風が吹《ふ》くと涼《すず》しい。

②**仮定の順接**《ば・と》
雨が降れば、試合は中止だ。晴れないと、登山ができない。

③**確定の逆接**《けれど（けれども）・が・のに・ても（でも）・ものの・ながら》
努力したけれど失敗した。寒いが気持ちいい。考えてもわからない。

④**仮定の逆接**《と・ても（でも）・ところで》
雨が降ろうと、実施《じっし》する。聞いても無《む》駄《だ》だ。行ったところで会えない。

⑤**並立の関係**《し・たり（だり）・て・ば・が》
本も読んだし、映画も見た。降ったり、やんだりした。彼は明るくて優《やさ》しい。

⑥**動作の並行**（連用修飾語）《ながら》
モデルを見ながら絵を描《か》く。

---

3 **［接続助詞の用法］** 次の文の[A]～[F]に入る接続助詞を答えなさい。

来週の日曜日に、近所のグラウンドで野球の試合をしようと思う[A]も、もし雨が降ったなら[B]、試合ができないだろう[C]、みんなで僕の家に集まって、テレビゲームをし[D]カードゲームをし[D]して、過ごすつもりだ。テレビでドラマを見てい[E]、どうしても日曜日のことが気になる[F]、ドラマに没頭《ぼっとう》できなかった。

A	B	C	D	E	F

4 **［接続助詞の用法］** 次の文の――線部の接続助詞の意味・用法として最も適切なものをあとから選び、記号で答えなさい（同じ記号を何度使ってもかまいません）。

(1) 暑い夏が来れば、あちらこちらの木々の枝から、セミの声が響《ひび》く。〔　〕
(2) 今日あたり雨でも降れば、田畑の農作物は枯《か》れないで済むだろう。〔　〕
(3) 昨日の朝、近所の公園を散歩していると、なつかしい友達に会った。〔　〕
(4) 明日にでもきみが病院に見舞《みま》いに行くと、彼はきっと喜ぶだろう。〔　〕
(5) これだけ謝《あやま》っても許してくれないなんて、とても悲しいことだね。〔　〕
(6) みんなでいくら議論しても、けっしていい解決法などないだろう。〔　〕
(7) あまりにもうれしかったので、お礼を言うのを忘れてしまったよ。〔　〕
(8) 誰《だれ》もいわなかったのに、そのことが仲間たちに知られてしまった。〔　〕
(9) すまないすまないと言いながら、まったく反省していないようだな。〔　〕
(10) この夏休みは宿題をしたり、プールに泳ぎに行ったりして過ごした。〔　〕

ア 確定の順接　　イ 仮定の順接　　ウ 確定の逆接
エ 仮定の逆接　　オ 並立の関係

解答▼別冊15ページ

時間 20分　合格点 80点　得点　　点

【　月　日】

1

次の文に使われている助詞の数を、算用数字で答えなさい。（3点×5―15点）

(1) 助詞は活用のない付属語です。
(2) この中から好きなものを召《め》し上がれ。
(3) 智《ち》に働けば角が立つ。
(4) 雨が降ったり、やんだりする。
(5) 雨が降ったから、傘《かさ》を持って出かけた。

(1)　(2)　(3)　(4)　(5)

ワンポイント
格助詞と接続助詞が使われている。

2

次の文の格助詞「の」の働きとして最も適切なものをあとから選び、記号で答えなさい。また、格助詞でない場合には、×と答えなさい。（3点×7―21点）

(1) なるべく新しいのを買う。
(2) 桜の咲《さ》く季節となった。
(3) コブシの花が咲き始めた。
(4) この手紙は父からのです。
(5) 君はなぜ遅刻《ちこく》したの。
(6) 違《ちが》うよ、それは僕《ぼく》の。
(7) 正義だの愛だの、軽々しく言うな。

ア 主語を提示　イ 体言を修飾《しゅうしょく》　ウ 体言の代用　エ 列挙

(1)　(2)　(3)　(4)　(5)　(6)　(7)

3

次の文の――線部「が」の中から、格助詞の「が」にあたるものをすべて選び、記号で答えなさい。（完答5点）

ア 暇《ひま》はできたがすることがない。
イ サンマが食卓《しょくたく》に並ぶ。
ウ ブドウもいいがナシもいい。
エ 人間は、正直なのが一番だ。
オ 例の件だがどうなったかね。

ワンポイント
助詞の「が」には、格助詞と接続助詞とがある。

4

次の文の――線部「に」の意味・用法として最も適切なものをあとから選び、記号で答えなさい。（2点×6―12点）

(1) いつしか雨が雪になった。
(2) 明日九時に会いましょう。
(3) 講演会の主催《しゅさい》を大学に依頼《いらい》した。
(4) 梅が月に照らされている。
(5) 郵便局に手紙を出しに行った。
(6) 今朝、宿題を机の上に忘れた。

ア 相手　イ 目的　ウ 場所　エ 結果　オ 時間　カ 対象　キ 方向

(1)　(2)　(3)　(4)　(5)　(6)

5 次の文の――線部「と」から格助詞の「と」の用法として最も適切なものをあとから選び、記号で答えなさい。また、格助詞でない場合には、×と答えなさい。（2点×5―10点）

(1) 昨日、デパートに母と一緒《いっしょ》に買い物に行った。
(2) 秋の夜空には、月と星とが美しく輝《かがや》いていた。
(3) 闇《やみ》の中からばたばたと走っていく足音がした。
(4) 今日はとても寒いね、と彼《かれ》は私に言った。
(5) 箱の中の宝物は、煙《けむり》となって消えてしまった。

ア 引用　イ 並立《へいりつ》　ウ 動作の相手　エ 結果　オ 原因

(1)	(2)	(3)	(4)	(5)

ワンポイント
「と」には、格助詞のほかに接続助詞や副詞の一部がある。

重要
6 次の文の接続助詞「て（で）」の意味として最も適切なものをあとから選び、記号で答えなさい。（2点×4―8点）

(1) 暖かくて肌触《はだざわ》りのよい服を買った。
(2) とても寒くて、風邪《かぜ》を引いてしまった。
(3) 家に帰って、すぐに買い物に出かけた。
(4) 明日テストだとわかっていて、ゲームで遊んでいた。

ア 確定の順接　イ 並立の関係　ウ 単純な接続
エ 確定の逆接

(1)	(2)	(3)	(4)

7 次の文の――線部ア〜キの助詞について、格助詞と接続助詞に分け、記号で答えなさい。（2点×7―14点）

私が福岡からア東京の地に出てきたのは、高校を卒業した十八歳《さい》のときであった。東京に出てきたものの、イ田舎《いなか》者だからウ右も左もわからなかったので、エ最初はなかなか外出をすることができず、大学と寮《りょう》との間を行き来するだけだったし、オ田舎よりもカ都会のほうがにぎやかではあったけれど、キ近所とのつきあいもなく、寂《さび》しい日々が続いた。

格助詞	接続助詞

ワンポイント
格助詞は主に体言に接続し、接続助詞は用言と助動詞に接続する。

重要
8 次の文の――線部「に」の働きとして最も適切なものをあとから選び、記号で答えなさい。（3点×5―15点）

(1) 大雨警報が発令されたので、直ちに下校した。
(2) 彼女《かのじょ》は、鳥のように美しい声で歌を歌った。
(3) 教室で静かに、先生が来られるのを待った。
(4) 学校の花壇《かだん》に、黄色いスミレの花を植えた。
(5) 演劇を見て、とても楽しそうに笑っていた。

ア 格助詞　イ 形容動詞の活用語尾《ごび》　ウ 助動詞の一部
エ 副詞の一部

(1)	(2)	(3)	(4)	(5)

12 助詞 ②

第3章 付属語

【　月　日】

◆助詞の種類や用法について理解しよう。
◆助詞の用法の区別ができるようになろう。

重要点をつかもう

1 助詞の用法 ②〈副助詞・終助詞〉

(1) 副助詞〔自立語に意味をそえ、副詞のように用言を修飾《しゅうしょく》する。〕

①**強意**《も・こそ》
知りたくもない。今日こそ勝つぞ。

②**程度**《ばかり・だけ・ほど・くらい（ぐらい）・まで》
百人ばかり集まった。見るだけなら自由です。一キロほど歩いた。一時間くらいだ。そんな話は断るまでだ。

③**限定**《は・しか・ばかり・だけ・きり》
私は無実だ。あと二日しかない。驚《おどろ》くばかりだ。それだけだった。外国に行ったきりだ。

④**並立《へいりつ》**《も・やら・なり・か》
勉強も運動もできる。赤やら白やらの花が咲《さ》いた。帰るなり泊《と》まるなりすればいい。進むか戻《もど》るか決める。

⑤**添加《てんか》**《さえ・まで》
雷《かみなり》さえ鳴った。雪まで降り出した。

Step 1 基本問題

解答▼別冊15ページ

1 ［副助詞の用法］次の文の（　）に入る副助詞をあとから選び、記号で答えなさい（同じ記号を何度使ってもかまいません）。

(1) 私の姉はニューヨークへ行った（　）帰ってこない。［　］
(2) うれしい（①）かなしい（②）不思議な気持ちだ。①［　］②［　］
(3) 霧《きり》が深くて、目の前の山（　）見えなくなってしまった。［　］
(4) 片手運転なんて、けが（　）したら大変だからやめなさい。［　］
(5) レインコート（　）傘《かさ》を貸してください。［　］
(6) サッカーの日本代表選手としては、彼（　）ふさわしいと思っている。［　］
(7) 私は一ヶ月（　）前から近所のプールに通っている。［　］

ア でも　イ こそ　ウ ほど　エ きり　オ か　カ さえ　キ やら

2 ［終助詞の用法］次の文の（　）に入る終助詞をあとから選び、記号で答えなさい（同じ記号は二度使えません）。

(1) モーツァルトのピアノ協奏曲は、いつ聴《き》いてもすばらしい（　）。［　］
(2) いつも遅刻《ちこく》するが、そんなに遅刻してよいのだろう（　）。［　］
(3) 坊《ぼう》や（　）、こっちおいで。［　］
(4) 「これから何をすればよいの（　）。」と彼女《かのじょ》は私に聞いた。［　］
(5) 日曜日には、どんなことがあっても映画を見に行く（　）。［　］

ア よ　イ か　ウ とも　エ かしら　オ なあ

⑥**類推**《も・でも・まで》
私も行く。子どもでも読める。
他人まで知ってる。

⑦**例示**《など・でも・なり》
鉛筆《えんぴつ》やペンなどで書く。本でも読もう。
彼《かれ》なりにやった。

(2) **終助詞**〔**文末や文節の終わりにつき**、話し手（書き手）の気持ちを表す。〕
※ね・よ・さ・などは**文中で使われることも**あり、その場合は**間投助詞**ということもある。

①**疑問**《か・の・かしら》
君は誰《だれ》か。彼、知ってるの。誰かしら。

②**反語**《か・さ》
それでいいのだろうか。（よくはない）
君に何ができるのさ。（できない）

③**強意**《ぞ・とも・さ》
きっと行くぞ。もちろん見るとも。
知ってるさ。

④**感動**《か・な(なあ)・わ・こと・ね(ねえ)》
なんと美しいことか。美しい絵だな。
すばらしいわ。幸せだこと。

⑤**禁止**《な》
けっして言うな。

⑥**念押**《お》**し**《な・ね（ねえ）・ぞ》
見たんだな。知ってるね。出かけるぞ。
他にも**断定**・**勧誘**《かんゆう》・**呼びかけ**・**語調を整える**などの意味がある。

重要 3 **〔助詞の識別〕** 次の文の——線部ア〜シの助詞の種類を分け、それぞれ記号で答えなさい。

雪のア あるうちからイ 育ててきたトマトがウ、いっせいに色づきはじめる。色づいたトマトはエ、その日のうちにとってしまわなければオ ならなかったから、家じゅうが、総出でカ 働いた。

*出面《でめん》さんの数もキ 倍くらいにふえ、時には、一枚の畑に十数人もの人びとが入って、競《きそ》い合うようにトマトを取った。

出面さんは坑夫《こうふ》長屋のおばさんたちだった。朝早く、とうさんが幌《ほろ》をかけたトラックで迎《むか》えに行き、ぼくらが学校に出かけるころに到着《とうちゃく》してク、一服するまでもケなく、大きな竹の手かごとコ ハサミを持って、トマト畑に入って行った。

「さっさと帰ってこいよサ。」と、とうさんは登校するぼくらに言った。

「他人《ひと》さまにまで、手伝ってもらってるんだからなシ。」

朝の毎日のあいさつだった。

（後藤竜二《ごとうりゅうじ》「トマトとパチンコ」）

*出面さん＝日雇《ひやと》いの労働者。

格助詞〔　　〕　接続助詞〔　　〕
副助詞〔　　〕　終助詞〔　　〕

重要 4 **〔「で」の働き〕** 次の文の——線部「で」の説明として最も適切なものをあとから選び、記号で答えなさい。

(1) 退屈《たいくつ》だから漫画《まんが》でも読もう。
(2) ジュースを飲んで、疲《つか》れをいやす。
(3) 昨日は、風邪《かぜ》で学校を休んだ。
(4) 今日の仕事は、早く終わりそうである。
(5) 都会は人の住む所ではない。
(6) 彼女の踊《おど》りは、たいそう優雅《ゆうが》であった。

ア 格助詞　イ 接続助詞　ウ 断定の助動詞　エ 様態の助動詞の一部
オ 形容動詞の活用語尾《ごび》　カ 副助詞の一部

(1)〔　　〕(2)〔　　〕(3)〔　　〕(4)〔　　〕(5)〔　　〕(6)〔　　〕

解答▼別冊16ページ

時間 20分　合格点 80点　得点　　点

【　月　日】

1 次の文に使われている助詞の数を算用数字で答えなさい。ただし、同じ助詞も一つに数える。（3点×5—15点）

(1) 漫画《まんが》はもちろん読むが、小説もたくさん読んでいるよ。
(2) お肉ばかりでなく、野菜だのお魚だのも食べなさいね。
(3) どのくらい歩いたなら、今日泊《と》まるホテルに着くかなあ。
(4) 駅まではバスで行き、そこからは電車に乗って行こうぜ。
(5) これを買いますわ。誰《だれ》でもできそうなほど簡単ですもの。

(1)	(2)	(3)	(4)	(5)

ワンポイント
(1)の「で」と(2)の「で」との違《ちが》いに注意しよう。助詞は活用のない付属語である。

2 次の文の——線部の副助詞の意味・用法として最も適切なものをあとから選び、記号で答えなさい。（3点×10—30点）

(1) 一度会ったきりだった。
(2) 彼《かれ》こそ委員長にふさわしい。
(3) これは骨まで食べられる。
(4) 城とか山とかが有名だ。
(5) 物欲は三歳《さい》児でもある。
(6) これだけはあげられない。
(7) 彼は東京まで行くそうだ。
(8) 子どもまで持っている。
(9) 来るなり来ないなり、自分でちゃんと決めなさい。
(10) あまりにも暑いので冷たい麦茶でも飲みたいな。

ア 強意　イ 程度　ウ 限定　エ 並立《へいりつ》　オ 添加《てんか》
カ 類推　キ 例示　ク 動作の及《およ》ぶ範囲《はんい》

(1)	(2)	(3)	(4)	(5)
(6)	**(7)**	**(8)**	**(9)**	**(10)**

ワンポイント
特に、「まで」の意味・用法には注意しよう。

3 次の文の——線部の終助詞の意味・用法として最も適切なものをあとから選び、記号で答えなさい。（3点×10—30点）

(1) この川では絶対に泳ぐな。
(2) もっと勉強をするぞ。
(3) これ、本当においしいこと。
(4) 明日は晴れるだろうか。
(5) 君は彼を知っているんだな。
(6) 彼女《かのじょ》は行くのかしら。
(7) 君、昨日どこに行ったの。
(8) そろそろ帰るよ。
(9) 彼はもちろん行ってるさ。
(10) この本はとても面白《おもしろ》いな。

ア 疑問　イ 反語　ウ 強意　エ 感動
オ 禁止　カ 念押《お》し

(1)	(2)	(3)	(4)	(5)
(6)	**(7)**	**(8)**	**(9)**	**(10)**

4 次の文の□にひらがなを入れて、適切な副助詞を答えなさい。（2点×5―10点）

(1) 人生において、才能□□で成功するのはやはり難しい。
(2) 数学と英語の宿題は、まだ少し□□済んでいないんだよ。
(3) 自転車を修理する費用は、五百円□□□かかりそうだね。
(4) 大人には大人の、子どもには子ども□□の世界がある。
(5) せっかくの夏休みなのに、ひと息つくひま□ない。

(1)	(2)	(3)	(4)	(5)

重要 **5** 次の文の――線部「の」と同じ用法のものをあとから選び、記号で答えなさい。（3点）

「これについて、君はどこまで知ってるの」と、彼は尋《たず》ねた。

ア これは、図書館で借りてきた本なので返しに行く。
イ 「それは彼のだよ」と、佐藤《さとう》さんに伝えた。
ウ ここにあるものは、すべてアメリカから持ってきた。
エ 理科のレポートは、いつまでに提出すればいいの。
オ 博物館には歴史的な標本がありました、数多くの。

ワンポイント

「の」には、格助詞、終助詞のほかに、名詞や接続助詞の一部もある。

重要 **6** 次の文の A ～ F に入る助詞を答えなさい。ただし、 E と F には直前の五つの例文から、入るすべての助詞を答えること。（2点×6―12点）

〈終助詞〉は文の終わりに使われる語です。この語は話し手の感動・疑問・欲求などを表現します。

今日は誕生日 A 。〈終助詞・疑問〉
この家は立派だなあ。〈終助詞・感動〉
うまい料理だねえ。〈終助詞・感動〉
私知らない B 。〈終助詞・感動〉

など個人的な意識の自然のあらわれだけでなく、「足を出す C 。」「落としたらたいへんだ D 。」などのような、聞き手に対して強い要求や注意を示す場合もあります。

呼んでいるのに、返事をしない。
苦しんでいるのも、当然だ。
私は見なかったの。
立派なこと。
どうなろうと知るものか。

などで、学校文法は「 E 」を〈接続助詞〉、「 F 」を〈終助詞〉と説明します。

（三浦《みうら》つとむ「日本語はどういう言語か」）

A	B	C	D

E	F

Step 3 実力問題②

解答▼別冊16ページ

時間 20分　合格点 80点　得点 点

【 月 日】

重要

1 次の文の――線部「の」と同じ意味・用法のものをあとから選び、記号で答えなさい。(10点×2―20点)

(1) ぴったり呼吸の合うことを言ったもののようである。

ア この弁当は弟のだ。
イ 姉の見たがっていた映画が公開される。
ウ 母の自転車を譲《ゆず》り受ける。
エ 美しい景色を見るのが楽しみだ。
オ 町内会長の祖父があいさつをする。

〔福島〕

(2) 傘《かさ》立てに立てておいた傘を差そうとしたところ、折れているのに気が付いた。

ア この人が次のオリンピックの代表選手か。
イ あの監督《かんとく》の映画が気に入ったなら、他のも観るといいよ。
ウ 今度の土日にはどこか遊びに行きたいな。
エ 仕事を成功させるためには、あなたのサポートが必要なの。
オ 風の強い日にはあまり外に出ない方がいい。

〔栄東高〕

(1)　(2)

重要

2 次の文の――線部「に」と同じ意味・用法の「に」を含《ふく》む文をあとから選び、記号で答えなさい。(10点)

あまりの「乱暴」な振《ふ》る舞《ま》いに仰天《ぎょうてん》するかもしれない。

ア 中庭のヒマワリがきれいに咲《さ》いている。
イ 動物園のシロクマが暑さにまいっている。
ウ 彼女《かのじょ》は今日も楽しそうに笑っている。
エ 彼《かれ》はまだ若いのにしっかりしている。

〔京都〕

3 次の文の――線部と同じ意味・用法の助詞を含むものをあとから選び、記号で答えなさい。(8点×5―40点)

(1) 彼は「今日はもうだめだ」と叫《さけ》んだ。

ア 一日中じっとして　イ 社会とのかかわり
ウ 仕事と自分　エ 世界と結ばれている
オ はっきりとした志　カ 共通する現象といってよい

〔甲陽学院高〕

(2) この宿題の締《し》め切りは明日までだ。

ア 一応確認《かくにん》するべく聞いてみたまでだ。
イ 弁当だけでなく筆箱まで学校に忘れた。
ウ 朝から晩までサッカーの練習をした。
エ 姉にまで笑われた。

(3) 台風はどのようにして発生するのだろうか。

ア 出発は何時ですか。
イ 幽霊《ゆうれい》なんか出るものか。
ウ なんと美しい景色だろうか。

エ　これから図書館に行かないか。〔栃木〕

(4) バスに乗り遅《おく》れて学校まで走らなければならなくなった上に、傘を持っていないのに雨さえ降ってきた。

ア　これさえあれば何とかなる。
イ　失敗した上に文句さえ言われた。
ウ　新鮮《しんせん》でさえあるならそれでよい。
エ　子供でさえそんなことはわかる。

(5) 風景を見ながらスケッチした。

ア　子供ながらにコーチからの厳しい指導に耐《た》えた。
イ　お茶でも飲みながらゆっくり話しましょう。
ウ　君の意見はわかった。しかしながら現実的ではない。
エ　及《およ》ばずながら私もあなたに協力します。

(1)	(2)	(3)	(4)	(5)

重要

4

次の文の——線部「と」のうち、文法的な働きが同じものの組み合わせとして最も適切なものをあとから選び、記号で答えなさい。(10点)

a　五月のさなかと言ってよいような〜。
b　海よりのバス道路とは、一個手前の町角に〜。
c　彼女が去るとまもなく〜。
d　二人はちょっと顔を見合った。
e　桜らしい木の見あたらぬところを見ると、〜。
f　再びさっと降り注がれるたびに、〜。

ア　ab／ce／df　　イ　ab／d／cef
ウ　acf／b／de　　エ　ace／b／df
オ　af／bc／de　　カ　af／b／cde

〔東京学芸大附高〕

5

次の文章を読んで、あとの問いに答えなさい。(4点×5—20点)

四季の山水を描《か》いた絵には、ふつうの遠近の感覚 A みると、不自然と①しか言いようのない物の大きさの取り合わせがあって、たとえばあの山の高さ②からみると、草庵《そうあん》は大き過ぎる③とか、この紅葉《もみじ》の葉に対しては鹿が小さ過ぎるというようなことは決して珍《めずら》しくないのだが、そこに霞《かすみ》がかかると、ふしぎに不自然が自然におさまって、草庵も大きくはない、鹿 B これでいいのだと見られるようになる。

（竹西寛子《たけにしひろこ》「ひとつとや」）

(1) ——線部①〜③の助詞の種類を漢字で答えなさい。

①	②	③
助詞	助詞	助詞

(2) A・B に入る助詞をひらがな一字ずつで答えなさい。

A	B

13 第4章 敬語

尊敬語・謙譲《けんじょう》語・丁寧《ていねい》語

【　月　日】

◆敬語の種類と用法について理解しよう。
◆敬語の区別ができるようになろう。

重要点をつかもう

1 敬語の種類

(1) 尊敬語…相手や話題の人物の動作を高めることで、相手への敬意を表す敬語。

①尊敬の意を表す特別な動詞

> いらっしゃる〔来る／行く／いる〕・おっしゃる〔言う〕・召《め》し上がる〔食べる／飲む〕・なさる〔する〕・くださる〔与《あた》える／くれる〕

②助動詞

> （行か）れる・（来）られる

③補助動詞

> （お帰りに）なる・（発表）なさる、（喜んで）いらっしゃる・（お泊《と》まり）くださる・（おいで）あそばす

④接頭語・接尾《せつび》語

> お（体）・ご（自由に）・貴（校）・御《おん》（社）、（川口）さん・（青木）殿《どの》・お（客）様

(2) 謙譲語…自分や自分側がへりくだることで、相手への敬意を表す敬語。

①謙譲の意を表す特別な動詞

Step 1 基本問題

解答▼別冊17ページ

1 ［敬語の種類］次の文の――線部の敬語の種類をあとから選び、記号で答えなさい。

(1) お客様、記念品をさしあげます。
(2) あの方のおっしゃるとおりです。
(3) 私からご説明申し上げましょう。
(4) 本当に、今日はよいお天気です。
(5) 原稿《げんこう》を受け取りに参ります。
(6) とてもおいしゅうございました。
(7) 写真はご覧になりましたか。
(8) 明日は必ず送らせていただきます。

ア 尊敬語　イ 謙譲語　ウ 丁寧語

(1)〔　　〕(2)〔　　〕(3)〔　　〕(4)〔　　〕
(5)〔　　〕(6)〔　　〕(7)〔　　〕(8)〔　　〕

2 ［尊敬の言い方］次の文の――線部を、普通《ふつう》の表現の終止形に直しなさい。

(1) ご自由になさってください。
(2) おっしゃることは、よくわかります。
(3) あちらにいらっしゃいます。
(4) まもなくいらっしゃる予定です。
(5) 夕食は召し上がりましたか。
(6) 先生には、もうお目にかかりました。

(1)〔　　〕(2)〔　　〕(3)〔　　〕
(4)〔　　〕(5)〔　　〕(6)〔　　〕

3 ［謙譲の言い方］次の文の――線部を、普通の表現の終止形に直しなさい。

(1) のちほどそちらへうかがいます。
(2) それは私がいたしましょう。
(3) 証明書をすぐにさしあげます。
(4) 祖父は私のうちにおります。

(1)〔　　〕(2)〔　　〕(3)〔　　〕(4)〔　　〕

うかがう〔行く／訪ねる／聞く〕・申し上げる〔言う〕・申す〔言う〕・参る〔行く／来る〕・いただく〔もらう／食べる〕・存じ上げる〔知る〕・さしあげる〔やる／与える〕

②補助動詞

（行かせて）いただく・（お願い）申し上げる・（見て）さしあげる

③接頭語・接尾語

粗《そ》（品）・拝（見）・小（生）・弊《へい》（社）・（私《わたくし》）め・（私）ども

※動作の向かう相手ではなく、読み手・聞き手を高めるものを謙譲語と区別して丁重語とすることもある。

私は明日、京都へ参ります。

(3) **丁寧語…改まった丁寧な言い方**をして、聞く側に敬意を表す敬語。

①動　詞

ございます〔ある〕

②助動詞

です・ます

③接頭語

お（菓子《かし》）・ご（飯）

※③は美化語とすることもある。

重要 **4** **〔敬語の言い方〕次の文の（　）の語を、特別な動詞を使った敬語に直しなさい。**

(1) 私はご馳走《ちそう》をおいしく（食べ）ました。

(2) たくさんの賞品を（もらい）ました。

(3) 先生が明日来るように（言い）ました。

(4) 祖父が午後にはこちらに（来）ます。

(5) どうぞたくさん（食べ）てください。

(6) その事情は、よく（知っ）ています。

(1)〔　　〕 (2)〔　　〕 (3)〔　　〕
(4)〔　　〕 (5)〔　　〕 (6)〔　　〕

重要 **5** **〔敬語の働き〕次の文の――線部の表現に表れている配慮《はいりょ》をあとから選び、記号で答えなさい。**

(1) テニスがとても上手になったね。

(2) 今、何を描《か》いていらっしゃるのですか。

(3) これがあのうわさの新製品です。

(4) これからお宅までお届けに参ります。

(5) 姉もぜひ参加したいと申しました。

(6) もうすぐ夜更《よふ》けでございます。

ア 目上の人や親しくない知人に敬意を表す。

イ 友人や年下の人などにざっくばらんに話す。

ウ 目上の人を意識して謙遜《けんそん》の気持ちを表す。

エ 他人に対して身内のことを控《ひか》えめに話す。

オ 相手を尊重して改まった気分で話す。

(1)〔　　〕 (2)〔　　〕 (3)〔　　〕 (4)〔　　〕 (5)〔　　〕 (6)〔　　〕

6 **〔敬語の言い方〕次の動詞の①尊敬語と②謙譲語を、特別な動詞を使って答えなさい。**

(1) 見る　(2) 言う　(3) 食べる

(1) ①〔　　〕 ②〔　　〕
(2) ①〔　　〕 ②〔　　〕
(3) ①〔　　〕 ②〔　　〕

時間 20分　合格点 80点　得点　点

【　月　日】

1 次の文から敬語の使い方が最も適切なものを選び、記号で答えなさい。（4点）

ア　おみやげを私たち家族で召《め》し上がりました。
イ　確かに、社長の申されるとおりでした。
ウ　お礼の品を私に差し上げてくれてありがとう。
エ　先生は、ご覧になっていかがでしたか。

〔沖縄〕

重要

2 次の文の[A]に入る「会った」の謙譲《けんじょう》表現を七字で答えなさい。（5点）

「九月でしたね、陸地測量部の入口であなたと[A]のは」烏《う》水《すい》はそう言って、手をかざして空を見上げた。星が出ていた。

〔お茶の水女子大附高〕

ワンポイント

七字の謙譲表現を答えることに注意しよう。

重要

3 次の文の――線部を、適切な一語の敬語に直しなさい。（5点×5―25点）

(1) 先生に古典を教えてもらいました。
(2) あなたの言うとおりです。
(3) 明日はご自宅にいますか。
(4) 冷めないうちに食べてください。
(5) お返事をくれてどうもありがとう。

(1)	(2)	(3)
(4)	(5)	

〔共立女子高〕

ワンポイント

すべて特別な動詞を使った尊敬表現で言い換《か》えればよい。

重要

4 次の文から、適切でない敬語を含《ふく》む文節を抜《ぬ》き出し、適切な表現に直しなさい。（5点×6―30点）

(1) お客様、その件についてはうちの社長が説明されますので、しばらくお待ちください。
(2) 私の母も食事を召し上がりますので、今一緒《いっしょ》に注文してよろしいですか。
(3) その話を伝えたら、先生はそうおっしゃいました。
(4) もう少しで先輩《せんぱい》が来るのなら、私はここで待ちます。
(5) この犬にえさをあげた人は誰《だれ》ですか。
(6) 今社長が申されたとおりにいたしましょう。

(1)　→	(2)　→

(3) →

(4) →

(5) →

(6) →

5 太郎《たろう》さんは、妹と先生の三人で話をしていた。次の太郎さんの言葉は誰に対して言ったものか。「妹」または「先生」で答えなさい。（5点×4―20点）

(1) 展覧会を見に行った。
(2) 展覧会を見に行きました。
(3) 展覧会にいらっしゃいませんか。
(4) 展覧会に行かれましたか。

(1)　(2)　(3)　(4)

重要
6 次の文章は、中学校に入学した正夫《まさお》さんが、小学校の担任の先生に出したはがきである。これを読んで、あとの問いに答えなさい。（5点×2―10点）

拝啓《はいけい》
　新緑の美しい季節になりました。

　先生、お元気ですか。中学生になって、もう一か月になるところです。毎日、勉強と部活動で忙《いそが》しい日々を過ごし、先生にはごあいさつが遅《おく》れてしまいました。

　近いうちに、先生がご自宅にいるとき、遊びに行くつもりです。そのとき、たくさんのお話をいたします。

　またお会いできる日を楽しみにしています。

A

(1) Aに入る言葉を次から選び、記号で答えなさい。
　ア 草々　イ 追伸《ついしん》　ウ 敬具　エ 前略

(2) ――線部を、尊敬語と謙譲語を使って、適切な表現に直しなさい。

(1)　(2)

ワンポイント
相手の行動に使うのは尊敬語であり、自分の行動に使うのは謙譲語である。「自宅にいる」と「遊びに行く」が、それぞれ誰の行動かを考えてみよう。

7 次の文の――線部①・②の言葉を、適切な表現に直しなさい。（3点×2―6点）

場面　年上の初対面の人と出会い、自分と家族を紹介《しょうかい》する。
「私は豊山花子と①言います。こちらは私の②お姉ちゃんです。」

〔日大豊山女子高―改〕

①　②

14 敬語の用法

【　月　日】

◆敬語の種類と用法について理解しよう。
◆適切な敬語表現ができるようになろう。

重要点をつかもう

1 主な敬語動詞

例語	尊敬動詞	謙譲《けんじょう》動詞
来る 行く いる	いらっしゃる おいでになる	参る うかがう おる
言う	おっしゃる	申す 申し上げる
する	なさる あそばす	いたす
見る	ご覧になる	拝見する
食べる 飲む	召《め》し上がる	いただく
与《あた》える	くださる	さしあげる
もらう	―	いただく
思う 知る	―	存ずる 存じ上げる
聞く	―	うかがう 承《うけたまわ》る

Step 1 基本問題

解答▶別冊18ページ

1 重要 ［敬語の使い方］ 次の表のA～Gに入る動詞を答えなさい。

例語	尊敬語	謙譲語
A	いらっしゃる	おる
する	B	E
行く	C	F
来る	D	G

A	B
C	D
E	F
G	

2 ［敬語の選択《せんたく》］ 次の文の（　）に入る敬語表現をあとから選び、記号で答えなさい。

(1) お客様は、今朝何を（　　）。
ア 食べましたか　イ 召し上がりましたか　ウ いただきましたか　［　　］

(2) あとで私のほうから連絡に（　　）。
ア うかがいます　イ なさいます　ウ 行かれます　［　　］

(3) 先生のお宅でお菓子《かし》を（　　）。
ア 食べました　イ 食べられました　ウ いただきました　［　　］

(4) その件について、私は（　　）。
ア 知りません　イ 存じません　ウ ご存じありません　［　　］

(5) 父は賛成だと（　　）おります。
ア おっしゃって　イ 言って　ウ 申して　［　　］

2 敬語動詞を使わない言い方

(1) 「お(ご)〜になる(なさる)」で尊敬
今度はあの方がお話しになります。
先生は土曜日にご出発になります。

(2) 「お(ご)〜する(いたす・申し上げる)」で謙譲
今度はあの方にお話しします。
明日、ご連絡《れんらく》します。

(3) 助動詞「れる」「られる」で尊敬
今度はあの方が話されます。
今度はあの方が話しに来られます。

3 敬語を使うときの注意

(1) 自分の側にいる人について相手に話すときには、尊敬語ではなく、謙譲語を使う。

〈自分→家族以外の人〉
×「父がおっしゃっていました。」
○「父が申しておりました。」

〈自分→別の会社の人〉
×「社長がそちらにいらっしゃいます。」
○「社長がそちらに参ります。」

(2) 丁寧《ていねい》語の「お」「ご」や「ます」を使いすぎない。
×「お紅茶を飲まれます方は〜。」
○「お茶を飲まれる方は〜。」

3

[敬意の方向] 次の文の――線部①〜③は、それぞれ誰《だれ》から誰に対しての敬意を表しているかを答えなさい。

「あの日は、お客様におわびを①申し上げてから、社長といっしょに会社に②帰ってきました。」と、彼《かれ》は上司に③報告しました。

① [　　　から　　　] ② [　　　から　　　]
③ [　　　から　　　]

4

[敬語の種類] 次の文の――線部①〜⑤の敬語の種類を、漢字で答えなさい。

次に長女いちが調べられた。当年十六歳《さい》にしては、少し幼く見える。瘦肉《やせじし》の小娘《こむすめ》である。しかしこれはちとの臆《おく》する気色もなしに、一部始終の陳述《ちんじゅつ》をした。(中略)およそ前日来経歴した事を問われるままに、はっきり答えた。

「だれにも①申しません。長太郎《ちょうたろう》にもくわしい事は申しません。おとっさんを助けて②いただくように、お願いしに行《ゆ》くと申しただけで③ございます。お役所から帰りまして、年寄衆《としよりしゅう》のお目にかかりました時、わたくしども四人の命を④さしあげて、父をお助けくださるように願うのだと申しましたら、長太郎が、それでは自分も命がさしあげたいと申して、とうとうわたくしに自分だけのお願書《ねがいしょ》を書かせて、持って⑤まいりました。」

いちがこう申し立てると、長太郎がふところから書付《かきつけ》を出した。

(森鷗外《もりおうがい》「最後の一句」)

① [　　　] ② [　　　] ③ [　　　]
④ [　　　] ⑤ [　　　]

5

[敬語の使い方] 次の文の――線部を、敬語動詞を用いて適切な表現に直しなさい。

先生、来週の三者懇談《こんだん》ですが、二時頃《ごろ》で良いですか、と母が言っておりました。

[　　　　　　]

解答▼別冊19ページ

時間 20分　合格点 80点　得点　　点

【　月　日】

1 次の文の A ～ G に入る敬語を答えなさい。（8点×7―56点）

日本語の敬語は、全体として中国語以上に複雑なものです。それは相手の動作、あるいは、自分の動作の表現に対する敬語にみられます。

たとえば「する」という動詞。相手の場合には「 A 」とか「遊ばす」とか申します。あるいは、「行く」「来る」「居る」という動詞がありますと、「 B 」「おいでになる」という表現をとります。「言う」に対しては「おっしゃる」、あるいは「仰せになる」というような言葉もあります。「見る」は「 C 」。「着る」「食べる」「呼ぶ」「求める」、これらは一緒《いっしょ》になって「 D 」。「くれる」というのは「 E 」となりまして、みんなこのように不規則で大変難しい。なかには規則的なものもあって、「動く」に対して「動かれる」「お動きに F 」、「歌う」に対して「歌われる」「お歌いになる」、つまり「 G 」をつけたり、あるいは「お…に F 」というものもありますが、日常頻繁《ひんぱん》に使う言葉は大変不規則です。

（金田一春彦《きんだいちはるひこ》「日本語の特質」）

A	B	C
D	E	F
G		

ワンポイント　基本的な敬語表現を確実に暗記しておこう。

重要 2 次の場面における敬語の使い方として最も適切なものをあとから選び、記号で答えなさい。（5点×2―10点）

(1) 場面　家族の留守中に、父親の勤め先から父親あての電話があり、中学生の子どもが代わりに用件を聞く。

ア「ご用件を伺《うかが》います。申し上げてください。」
イ「ご用件を承《うけたまわ》ります。おっしゃってください。」
ウ「ご用件をお聞きになります。言ってください。」
エ「ご用件は何でしょうか。お話しなさい。」

(2) 場面　入会の申し込《こ》み用の写真を忘れてしまった客に、受付係が次のように言った。

ア「次に見える時、写真をお持ちしてください。」
イ「次にいらっしゃる時、写真をお持ちになってください。」
ウ「次にうかがう時、写真をご持参ください。」
エ「次にお見えになる時、写真をお持ちいたしてください。」

〔栃木〕

(1)	(2)

3 次の文から言葉の使い方が文法上適切でないものを選び、記号で答えなさい。（5点×2—10点）

(1)
ア 私は吉田《よしだ》と申します。どうぞよろしく。
イ 先生から子どもにご注意申してください。
ウ 母がよろしくと申しております。
エ ご注文は当方で申し受けます。

(2)
ア イギリス留学中は何かとお世話いただきました。
イ ご近所の方からお土産をいただいた。
ウ 次回の研究会から参加させていただく。
エ 先生、ごちそうが冷めないうちにいただいてください。

〔高知学芸高〕

(1)　(2)

ワンポイント
問題文の「適切でないもの」に注意する。尊敬語は相手の行為《こうい》に、謙《けん》譲《じょう》語は自分の行為にという敬語の基本を忘れないようにしよう。

重要
4 次の会話は、Aさんが久しぶりにBさんの家を訪れたときのやりとりの一部である。会話文中の——線部ア～オから敬語の使い方が適切でないものを選び、記号で答えなさい。（10点）

Aさん「ごめんください。」
Bさん「まあ、お久しぶりですね。」
Aさん「突然《とつぜん》アお邪魔《じゃま》をして、イご迷惑《めいわく》ではなかったでしょうか。」
Bさん「いいえ、遠慮《えんりょ》なさらずウどうぞお上がりください。」
Aさん「ありがとうございます。では失礼いたします。」
Bさん「わざわざエおうかがいくださいまして、こちらこそありがとうございます。以前オお目にかかったときから、もうずいぶんたちますね。」

5 次のA・Bの文章を読んで、あとの問いに答えなさい。（7点×2—14点）

A レストランで食事の注文をすると、店員が次のように言いました。
「お飲み物は、コーヒー、ジュース、どちらにいたしますか。」

B ひろ子さんがお母さんに言いました。
「お客様にお母さんの手作りケーキを出したら？」

(1) 「いたし」とあるが、これは敬語の使い方として適切ではない。この部分を、ひらがな三字で適切な表現に直しなさい。

(2) 「出したら」とあるが、この部分を、「お客様」への敬意を表す適切な表現に直しなさい。

(1)　(2)

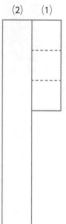

Step 3 実力問題

解答▼別冊19ページ

時間 20分　合格点 80点　得点 点

【 月 日】

重要
1 次の文の――線部を、適切な敬語表現に直しなさい。（10点×4―40点）

(1) 先生に「あとぜき」の意味を質問すると、先生は「あとぜきは、戸を開けたあとはきちんと閉めるという意味なんですよ。」と言いました。〔熊本〕

(2) 職場体験活動のレポートを、貴社に行った際に撮《と》らせていただいた写真とあわせて、同封《どうふう》しますので、ご覧ください。〔高知〕

(3) みなさんの中に「ボランティア」という言葉の語源を存じ上げている方はいらっしゃいますか。〔神奈川―改〕

(4) 職業体験発表会を下記のとおり開催《かいさい》し、私たちが学んだことを発表したいと思います。お忙《いそが》しい時期とは存じますが、ぜひご出席してください。〔青森〕

(1)	(2)
(3)	(4)

重要
2 次の場面における敬語の使い方として最も適切なものを選び、記号で答えなさい。（8点）

場面 お母さんが買い物に出かけて留守の間に、妹の担任の先生から電話がかかってきたとき。

ア「母はいま出かけております。戻《もど》りましたらこちらから連絡《れんらく》するように申し伝えます。」

イ「母はいま出かけていらっしゃいます。戻りましたらこちらから連絡するようにお伝えいたします。」

ウ「母はいま出かけておいでです。戻りましたらこちらから連絡するように伝えさせていただきます。」

エ「母はいま出かけてございます。戻りましたらこちらから連絡するように伝えて参ります。」

〔都立産業技術高専〕

重要
3 次の会話は、山本さんがある会社で職場体験活動をするために、体験先の担当者と電話で連絡を取ったときの内容の一部である。――線部ア〜カから敬語の使い方が適切でないものを二つ選び、記号で答えなさい。（6点×2―12点）

山本さん「私、F中学校二年生の山本と（ア）申します。職場体験活動の件でお電話しました。職場体験活動を（イ）担当いたします佐藤《さとう》さんはいらっしゃいますか。」

担当者「はい、私が担当の佐藤です。」

山本さん「本日は打ち合わせの日時を確認《かくにん》するために、お電話を（ウ）差し上げました。ご都合を（エ）お聞きになりたいのですが。」

担当者「わかりました。打ち合わせの日時ですが、明日かあさっての午後四時ではいかがでしょうか。」

山本さん「それでは、明日の午後四時に伺《うかが》います。よろしくお願いします。」

担当者「では、気をつけてお越《こ》しください。」

〔福島〕

4 次の文章は、ある中学校で放送された図書委員会からのお知らせである。

来週は読書週間です。恒例《こうれい》の読書会は、水曜日、午後四時から五時まで図書室で行います。今回は、鹿児島にたいへんゆかりの深い作家、向田邦子《むこうだくにこ》の随筆《ずいひつ》『字のないはがき』を取り上げます。できるだけ多くの参加者をお願いします。今度、図書室でパソコンを使うことができるようになりました。インターネットにも接続できます。利用者は、国語科の佐藤先生が指導してくださる予定です。教科書に掲載《けいさい》されている作品や作者、郷土の歴史的な人物について調べてみませんか。

——線部の「佐藤先生が」を「佐藤先生に」とした場合、「指導してくださる」の部分はどのようになるか。適切な表現に直しなさい。（10点）

〔鹿児島〕

5 次の文章は、中学生の明子と小学生の弟の光一が、おばの家を訪問したときの会話である。よく読んで、あとの問いに答えなさい。（10点×3—30点）

おば「あら、明子ちゃんに光一君、まあ久しぶりね。」

明子「おばさん、こんにちは。お A です。」

おば「今日は二人そろってどうしたの？」

明子「はい。①お母さんに頼《たの》まれたものをお届けに伺いました。」

おば「まあ、わざわざどうも。そうだ、ちょっと待っててね。」

光一「前から思ってたんだけど、あいさつっておもしろいね。」

明子「えっ、いきなりどうしたの？」

光一「ほら、さっきみたいな繰《く》り返しが多いじゃない。」

明子「そうね……。」

おば「お待たせ。これ、皆《みな》さんで食べてね。お母さんによろしく。」

明子「ありがとうございます。それでは、おばさん、②さようなら。」

(1) A に入る言葉を答えなさい。

(2) ——線部①には敬語の使い方が適切でない一文節がある。それを抜《ぬ》き出し、適切な表現に直しなさい。

(3) ——線部②以外に、この場面に適切な別れの言葉を答えなさい。

(1)

(2) →

(3)

〔鹿児島〕

15 第5章 品詞の識別

ようだ・そうだ／れる・られる

◆品詞や用法の違《ちが》いについて理解しよう。
◆入試頻出《ひんしゅつ》の「れる・られる」の用法を区別しよう。

【　月　日】

重要点をつかもう

■ ようだ・そうだ

1 助動詞と形容動詞の違い

助動詞	形容動詞
付属語である。	自立語である。
語幹と語尾《ごび》に分けられない。	語幹と語尾に分けられる。

〈静かだ（形動）→静か（語幹）だ（語尾）〉
〈言い切りの形が「だ」になるのは、形容動詞と助動詞「ようだ」「そうだ」「だ」だけである。〉

2 助動詞「ようだ」の特徴《とくちょう》

①用言だけではなく、連体詞「この」「その」「あの」「どの」や、体言＋助詞「の」などにも接続する。
※連体詞に接続するのは比喩《ひゆ》の場合のみ
②丁寧《ていねい》に言うときには、終止形が「ようです」となる。（「そうだ」は、「そうです」となる。）
③意味は、推定・比喩（たとえ）・例示（具体的な例を示す）である。

Step 1 基本問題

解答▼別冊 20ページ

1 ［「ようだ」の識別］ 次の文の――線部「ようだ」と同じ用法のものをあとから選び、記号で答えなさい。

玄関《げんかん》のチャイムは壊《こわ》れているようだ。

ア リスのような小動物を飼いたい。
イ 猫《ねこ》のひとみはまるで美しい宝石のようだ。
ウ 姉は外出しているようだ。
エ どうか無事でいてくれますように。
オ 杉《すぎ》や松のような常緑樹が多い。

〔初芝立命館高〕 〔　　〕

2 ［「そうだ」の識別］ 次の文の――線部「そうだ」と同じ用法のものをあとから選び、記号で答えなさい。

庭に植えた青い色の朝顔が、ようやく咲《さ》きそうだ。

ア 彼《かれ》はそのことを知らなかったそうだ。
イ とても暖かな日になりそうだ。
ウ 彼を見捨てるなんて、かわいそうだ。
エ 桜の花がもうすぐ咲くそうだ。
オ 彼の意見について、私もそうだと思う。

〔　　〕

3 ［「れる」「られる」の識別］ 次の文の――線部と同じ意味の「れる」「られる」をあとから選び、記号で答えなさい。

(1) 彼女《かのじょ》からの手紙を、親に読まれるのは困る。
(2) 私は好き嫌《きら》いがないので、何でも食べられます。

3 「そうだ」の意味と接続関係

①「様態」の意味の場合

・動詞や動詞活用形の助動詞の連用形に接続する。

・形容詞や形容動詞、形容詞活用形の助動詞の語幹に接続する。

②「伝聞」の意味の場合

・用言や一部の助動詞の終止形に接続する。

■ れる・られる

1 助動詞と動詞の活用語尾との違い

接続の仕方に着目して識別する。

①乗られる〔乗ら＋れる〕

ら…五段活用の動詞・未然形の活用語尾

れる…可能の助動詞・終止形

②ほめられる〔ほめ＋られる〕

れる…可能の助動詞「られる」の終止形の一部

③流れる

れる…下一段活用の動詞「流れる」の終止形の活用語尾

2 「受け身」と「可能」「自発」「尊敬」との違い

「受け身」の場合には命令形があるが、ほかのものには命令形がない。

・受け身…笑われろ、もまれろ

---

(3) 景色を見ていると、故郷のことが思い出される。

(4) 明日の朝、先生はフランスに向けて出発される。

ア この席にはお客様が座《すわ》られる。　イ 朝眠《ねむ》くてなかなか起きられない。

ウ 昨日、財布《さいふ》を盗《ぬす》まれてしまった。　エ 金星探査の結果発表が待たれる。

(1)［　　］　(2)［　　］　(3)［　　］　(4)［　　］

4 [「られる」の識別] 次の文の——線部「られる」の中から、意味・用法が異なるものを選び、記号で答えなさい。

ア 食堂で注文後、すぐに食べられる。

イ 弟に、好物のプリンを食べられる。

ウ 犯人が警察官に、追いかけられる。

［　　］〔法政大第二高〕

難問 記述式

5 [品詞の識別] 次の文の——線部①〜④の語を、意味・品詞・終止形の形・活用形を明らかにして、文法的に説明しなさい。

私は前々から、イタリアの音楽をきくと、人間の心から、すべてが形となり、響《ひび》きの中に出きってしまっているような感じがした。魂《たましい》の内臓が露出《ろしゅつ》されて①いるような気がした。そのため、イタリアの音楽は、すばらしいと思わ②れる一方で、私を疲《つか》らせ、不安にした。だが、それと同じことが美術でも行わ③れているのに、私はかえって、安心し、よろこばされ、満たされた思いがしたのだった。

疲れきって下宿によると、大学生は私を待ちかまえていて、もう一度私を誘《さそ》い出し、せまい通りから通りを歩きまわった末、広いホールに案内した。何かの政党の事業だ④そうで、市民たちにうまくて安い食事を提供する食堂だという。

（吉田秀和《よしだひでかず》「私の時間」）

①［　　］　②［　　］

③［　　］　④［　　］

解答▼別冊20ページ

時間 20分　合格点 80点　得点　　点

【　月　日】

重要
1 次の文の――線部「そうだ」を「様態」の意味のものと「伝聞」の意味のものとに分け、記号で答えなさい。（2点×10―20点）

ア 台風が日本列島に近づいてきているそうだ。
イ 赤ちゃんがお生まれになったそうですね。
ウ いまにも絵から飛び出してきそうな竜《りゅう》だ。
エ 野口君は、春休みに京都に行くそうだ。
オ この温泉のお湯は、とても熱そうだ。
カ いつまでもお元気そうなおじいさんですね。
キ いまにも雨が降り出しそうな空模様になってきた。
ク あの人は、植物の種類についてよく知っていそうだ。
ケ 北海道の夏は、とても涼《すず》しいそうだ。
コ なんだか彼《かれ》はいつもやる気がなさそうだ。

様態	
伝聞	

ワンポイント
様態の「そうだ」は動詞の連用形や形容詞・形容動詞の語幹に接続し、伝聞の「そうだ」は活用語の終止形に接続する。

重要
2 次の文の――線部「ようだ」の意味は、A「推定」・B「比喩《ひゆ》」・C「例示」のどれか。記号で答えなさい。（3点×10―30点）

(1) 波打ち際で、夜光虫が夜空の星のように輝《かがや》いていた。
(2) もし明日雨が降るようなら、運動会は延期になります。
(3) この英単語の意味は、誰《だれ》にもわからないようだった。
(4) 公園で、木の枝を離《はな》れた葉が、鳥のように舞《ま》っている。
(5) 彼女《かのじょ》のように、いつも明るく毎日を生活したいものだ。
(6) 入院していた母の病気は、もうすっかり治ったようだ。
(7) 医者の鑑《かがみ》とは、まさに彼のような人のことをいうのだ。
(8) 会議に出たその案は、田中君が提案したようであった。
(9) 彼は、日曜なのに平日のように学校に出かけていった。
(10) 波の上を漂《ただよ》う白鳥は、青空を漂う雲のような白さだった。

(1)	(2)	(3)	(4)	(5)
(6)	(7)	(8)	(9)	(10)

重要
3 次の文の――線部「れ」の中から用法が異なるものを選び、記号で答えなさい。（6点）

ア 目的地までの移動を徒歩でしている最中としましょう。あるところにさしかかると、道が二つに分かれています。
イ 身体を通して体験したことが、無意識に情報として集積されている。
ウ 俳句は「直感の文学」と言われますが、だからこそ、さまざまな体験の積み重ねから生まれます。

エ 古来桜がどのように詠《よ》まれてきたかという古典の知識も含《ふく》まれます。

〔滋賀〕

ワンポイント
問題文の「れる」の文法上の意味は、「受け身」「可能」「自発」「尊敬」のどれか。また、「れる」が助動詞でないこともあるため注意する。

重要 4 次の文の――線部が助動詞ならば文法的意味を、助動詞でないならば×を答えなさい。(5点×4―20点)

(1) 全財産をなくして、命だけ救われた人は、物を欲《ほ》しがらないのです。

(2) まるで春の次には夏が来るというような言い方で、さらりと答えてくれるのでした。

(3) おばあさんが、簡単な言葉でぽつぽつ語ってくれたことの意味は、次のようにまとめられそうです。

(4) こんな大震災《しんさい》でもなければ、人間の本当の姿は、毎日の埃《ほこり》にまみれて見えないのかもしれません。

(1)
(2)
(3)
(4)

記述式 5 次の文章を読んで、あとの問いに答えなさい。(6点×4―24点)

ある日の放課後であった。僕《ぼく》は、中村先生に職員室にくる①ように言われた。放課後、まるで雲の上を歩く②ような不安な気持ちで職員室に急いだ。僕が先生の席に近づくと、先生はすぐに「田中、おめでとう!」と、にこにこ笑いながら言わ③れた。先生の話では、僕が先日コンクールに応募《おうぼ》した読書感想文が、最優秀賞《ゆうしゅうしょう》に選ば④れたので、今月の二十日に、その表彰式《ひょうしょうしき》がある⑤そうだ。その時の先生は、たいそううれし⑥そうだった。僕も、先生の期待に応え⑦られたことが、とてもうれしかった。そして、これまでの先生の熱心な指導が、大変ありがたく感じ⑧られた。

(1) ――線部①「ように」と②「ような」の意味の違《ちが》いを、文法的に説明しなさい。

(2) ――線部③「れ」と④「れ」の意味の違いを、文法的に説明しなさい。

(3) ――線部⑤「そうだ」と⑥「そうだっ」の意味の違いを、文法的に説明しなさい。

(4) ――線部⑦「られ」と⑧「られ」の意味の違いを、文法的に説明しなさい。

16

第5章 品詞の識別

らしい・ない・ながら

【　月　日】

◆品詞や用法の違《ちが》いについて理解しよう。
◆入試頻出《ひんしゅつ》の「らしい」「ない」の用法を区別しよう。

重要点をつかもう

■「らしい」助動詞と形容詞との違い

1 「らしい」の前に「である」を入れてみる。

助動詞	形容詞
意味が通じる。	意味が通じない。
彼《かれ》は、絵が得意（である）らしい。	彼が描《か》く絵は、すば(である)らしい。

2 形容詞化する**接尾語**《せつび》がある。

助動詞	形容詞
「推定」（～のようだ・思われる）の意味になる場合は、助動詞である。	「～としてふさわしい」に置き換えられれば、形容詞を作る**接尾語**である。
明日は晴れるらしい。	いかにも佐藤《さとう》君らしい作品だ。

Step 1 基本問題

解答▼別冊 20ページ

1 ［「らしい」の識別］次の文の――線部「らしい」と文法的に性質が異なるものを、あとから選び、記号で答えなさい。

近頃《ちかごろ》、インフルエンザが流行《はや》っているらしい。

ア 彼の言うことは間違いないらしい。
イ 夕焼けなので、明日は晴れるらしい。
ウ お昼ごろに娘《むすめ》は出かけたらしいね。
エ その考えは、いかにも彼女《かのじょ》らしいよ。
オ 彼も来るらしいと言われて驚《おどろ》いた。

［　　］

2 ［「ない」の識別］次の文の――線部「ない」と同じ働きのものをあとから選び、記号で答えなさい。

今年の夏は、ほとんど雨が降らなかった。

ア それは、あまりうれしくなかった。
イ この小説は、あまり面白《おもしろ》くなかった。
ウ これまで学校に遅《おく》れたことはなかった。
エ 今日は、傘《かさ》を持って来なかった。
オ このカバンは、私のものではなかった。

［　　］

記述式

3 ［「ない」の識別］次の文の――線部aとbの「ない」の働きの違いについて、文法的に説明しなさい。

今年の夏休みに、友達と北海道を旅行することにした。北海道へはこれまで行ったことが[a]なかった。北海道は遠いので、なかなか行け[b]なかったのだ。

［　　　　　　　　　　　　　　　　　　］

■ない

1 助動詞と形容詞との違い

助動詞	形容詞
打ち消し（否定）の意味の助動詞「ぬ」に置き換えられる。	存在を表す「ある」と対になる意味を表す。
今日は曇《くも》っていて、星が出ない《出ぬ》。	海外に行ったことがない。

※「ない」の前に「は」「も」を入れることができる場合は補助形容詞。

2 「―ない」形の形容詞〔形容詞の一部〕

暑く（形容詞）＋ない（補助形容詞）

切ない・危ない・はしたない

■ながら

1 接続の関係

①動詞には、連用形に接続する。
行きながら・起きながら・見せながら

②形容詞には、終止形に接続する。
明るいながら・涼《すず》しいながら

③形容動詞には、語幹に接続する。
健康ながら・静かながら・同じながら

2 まぎらわしい二つの意味

①確定の逆接（〜にもかかわらず）
知っていながら何もしない。

②動作の並行《へいこう》（〜と同時に）
テレビを見ながら、勉強をする。

---

4 〔「ながら」の識別〕次の文の――線部「ながら」と同じ用法のものをあとから選び、記号で答えなさい。

先週、僕《ぼく》たちはこの家へ引っ越《こ》してきた。家は狭《せま》いながらも過ごしやすいつくりになっていて、家族の誰《だれ》もが、すぐにこの家を気に入った。

ア いやいやながら従う。　イ 考えながら歩く。
ウ 涙《なみだ》ながらに語った。　エ さながら星のように光った。

〔　　〕

5 重要 記述式 〔品詞の識別〕次の文章を読んで、あとの問いに答えなさい。

どうやらぼくは鼻であしらわれたらしい①。あらかじめ彼は用意して待っていたにちがいないⓐのだ、彼はすっかり安心して微動《びどう》もしないⓑ。彼のかかげる大義名分はどこかに嘘《うそ》があるからこそこんなみごとさをもっているのにちがいないのだ。彼の言葉はよく手入れのゆきとどいた芝生《しばふ》のように刈《か》りこまれ、はみだしたものがなくⓒ、快適で、恵《めぐ》みにみちている。

（中略）

彼はぼくにむかってウィスキー瓶《びん》をさしだした。ぼくがグラスをほすと、彼はしっかりした手つきでなみなみとつぎ、おわりしなに瓶をキュッとひねって一滴《いってき》もこぼさなかっⓓた。葉巻をコーヒー碗《わん》に投げたことをのぞけば、新興商人らしい②粗野《そや》さを彼はどこにもみせなかっⓔた。

（開高健《かいこうたけし》「裸《はだか》の王様」）

(1) ――線部①・②の「らしい」を、それぞれ文法的に説明しなさい。

①〔　　〕　②〔　　〕

(2) ――線部ⓐ〜ⓔの「ない」の用法と同じものをあとからそれぞれ選び、記号で答えなさい。

ア 近頃、鳥の声をまったく聞かない。　イ この時計はけっして高くない。
ウ 本気で怒《おこ》るのは、おとなげない。　エ 今日は特に用事がない。

ⓐ〔　〕　ⓑ〔　〕　ⓒ〔　〕　ⓓ〔　〕　ⓔ〔　〕

解答▼別冊21ページ

時間 20分　合格点 80点　得点 点

【　月　日】

重要

1 次の文の――線部「らしい」と同じ用法のものをあとから選び、記号で答えなさい。（8点）

前の川のカジカ（カエルの一種）の鳴き声がふっととぎれた。夜突《よづ》きに出ている子どもがいるらしい。

ア 赤ちゃんの手はとてもかわいらしくて柔《やわ》らかい。
イ 彼《かれ》の話はもっともらしく、皆《みな》が真剣《しんけん》に聞いていた。
ウ 私は私らしく生きていきたいと思っています。
エ 母は急いでいたらしく私に気づかずに走っていった。
オ あなたのしぐさはわざとらしく感じられる。

〔同志社高〕

ワンポイント
「らしい」の用法は、〈助動詞・形容詞・形容詞の語尾《ごび》〉の三種類がある。問題文の「らしい」は、どの用法か。

重要

2 次の文の――線部から意味・用法がほかと異なるものを選び、記号で答えなさい。（8点）

ア 家に閉じ籠《こ》もって春の過ぎ行くのに気付かないでいるのだって、とても趣《おもむき》があり、味わい深いものなのだ～。
イ ことは桜の花に限らない。
ウ 祭りの行列がなかなか来ないのに苛立《いらだ》った「片田舎《かたいなか》の人」たち。
エ 行列が通るまでの間、漫然《まんぜん》と桟敷《さじき》で時間を費やすのはもったいない、それまで奥《おく》で酒を呑《の》もう、碁《ご》を打とう、～。

〔国立高専〕

3 次の文の――線部「ない」と同じく、状態を表す働きをしているものをあとから選び、記号で答えなさい。（8点）

ジャージは泥《どろ》だらけだ。怪我《けが》はない。

ア もちろん、スピードは出せない。
イ 肉体的なショックはあまりない。
ウ 起き上がる気力が湧《わ》いてこない。
エ 大丈夫《だいじょうぶ》か。怪我をしていないか？

〔北海道〕

ワンポイント
品詞の中で、ものの状態を表す品詞は、形容詞である。

4 次の文の――線部「ない」が形容詞であるものをすべて選び、記号で答えなさい。（8点）

ア だから、あたしも逸《そ》らさない。
イ その相手には一生勝てない。
ウ 「……お前には、折れる心すらないのか」
エ 折れない心を作る。

オ　武道の大義名分ではないのか。

〔共立女子第二高〕

ワンポイント

単独で文節を作り、活用があり、存在を表す「ある」に対応する意味を表すものが、形容詞の「ない」である。

重要

5 次の文の――線部「ながら」と同じ意味・用法のものをあとから選び、記号で答えなさい。（8点）

儀礼《ぎれい》的な送別詩ながら、王維《おうい》の〝日本観〟というべきものが全篇《ぜんぺん》に表れていて〜。

ア　あの人は、若いながらしっかりしている。
イ　私は、歩きながら考えた。
ウ　自宅にいながら世界の情勢を知る。
エ　この町は、昔ながらの風景だ。

〔都立戸山高〕

ワンポイント

接続助詞の「ながら」は、「確定の逆接」と「動作の並行《へいこう》」の使い方をおさえる。

記述式

6 次の文の――線部「ながら」について、あとの問いに答えなさい。

A　彼は、いつも約束をしておきながら、守ったことがない。
B　道を歩きながら本を読むのは、危ないからやめよう。

(1)　AとBの――線部「ながら」の違《ちが》いを、文法的に説明しなさい。（8点×2―16点）

A

B

(2)　次の文の――線部「ながら」は、A・Bのどちらか、記号で答えなさい。（6点×4―24点）

a　母はよく、音楽を聞きながら料理をしている。
b　彼は実力はありながら、努力をしない。
c　家は貧しいながら、とても楽しい雰囲気《ふんいき》だった。
d　父は笑いながら、誕生日プレゼントをさし出した。

a　b　c　d

7 次の文の――線部「ながら」と同じ用法のものを、あとからすべて選び、記号で答えなさい。（各完答・10点×2―20点）

(1)　白い歯をむき出して見せ、顔をかきながら去りかける。
(2)　半ば抵抗《ていこう》を感じながら、つい気になって肩越《かたご》しに振《ふ》り向き、〜。

ア　足が遅《おそ》いながら、一生懸命《けんめい》に走ろうとした。
イ　大通りでは左右をよく見ながら横断しよう。
ウ　あの人は知っていながら答えようとしない。
エ　私は電車に乗りながら考え事をしていた。
オ　彼らは兄弟三人ながらスポーツマンだ。

(1)　(2)

〔函館ラ・サール高〕

17 が・の・だ

◆品詞や用法の違《ちが》いについて理解しよう。
◆入試頻出《ひんしゅつ》の「の」「だ」の用法を区別しよう。

【　月　日】

重要点をつかもう

■が

1 **格助詞の「が」**〔主語になる〕

(1) **主語を表す。**
花が咲《さ》いている。料理がおいしい。

(2) **対象を表す。**〔対象としての主語〕
花が買いたい。料理が食べたい。
⇐「を」に置き換《か》えられる。
花を買いたい。料理を食べたい。

2 **接続助詞の「が」**〔接続語になる〕

(1) **確定の逆接**
帰りたいが、帰れない。

(2) **単純な接続**
その件だが、私もよく知っている。

(3) **並立《へいりつ》・対比**
色もよいが、形もよい。

3 **接続詞の「が」**〔逆接の意味になる〕
がんばった。が、試合に負けた。

Step 1 基本問題

解答▼別冊 21ページ

1 [「が」の識別] 次の文の――線部「が」と異なる働きのものをあとから二つ選び、記号で答えなさい。

その究極形を提示したのが、一九七七年のポンピドゥ・センターだといえるだろう。

ア たとえ雨が降ろうが出発する。
イ 貴方《あなた》の努力が実を結んだのだ。
ウ よく「言わぬが花」というね。
エ 春がそこまでやって来ている。
オ 日差しは強いが暑くはない。

[　　][　　]

重要 記述式

2 [「が」の識別] 次の文の――線部「が」と①同じ働きのものをあとから選び、記号で答えなさい。また、②その文法的な働きを説明しなさい。

彼《かれ》は勉強もできるがスポーツもうまい。

ア 夏休みに東京にいる兄が帰省した。
イ このゲームは楽しいが勉強にも役立つ。
ウ 僕、おもちゃが買いたいんだよ。
エ 今日、中学時代の友達が遊びに来た。

①[　　] ②[　　　　]

3 [「の」の識別] 次の文の――線部「の」と異なる働きのものをあとから二つ選び、記号で答えなさい。

この本の内容は、理解するのがとても難しい。

ア この青いカードが、このバスのです。
イ 「これ、知ってるの」とたずねた。

■の

1 格助詞の「の」

(1) **①主語、②連体修飾語《しゅうしょく》、③対象、④並立を表す。**

①僕《ぼく》の作ったものです。

②これが僕の作品です。

③映画の好きな人たちです。

④行くのか行かないのか不明だ。

(2) **体言の代用をする。**〈モノ・コト〉

この作品は、僕のです。

2 終助詞の「の」

(1) **疑問を表す。**

次は誰《だれ》が話をするの。

(2) **軽い断定を表す。**

私は、よく知りませんの。

(3) **軽い禁止を表す。**

文句を言わないの。

■だ

1 断定の助動詞の「だ」

あれが私の通っている学校だ。

2 形容動詞の活用語尾《ごび》の「だ」

僕の部屋は暖かだ。

〈「暖かな部屋」のように、「な」に置き換えると、体言を修飾する。〉

3 過去の助動詞の「だ」

読んだ〈「た」の濁音化《だくおん》〉⇐読みた

ウ 私が求めていたのは、これなんです。　エ ここに写っているのが私の母です。

オ 「これが僕の」と、大声で言った。

[　　　][　　　][　　　]

4 重要 記述式 **【「の」の識別】** 次の文の――線部「の」と①同じ働きのものをあとから選び、記号で答えなさい。また、②その文法的な働きを説明しなさい。

この公園は、アジサイの花のとても美しい公園だった。

ア この赤いかばんは私のです。　イ 見るの見ないのと迷っている。

ウ 内田《うちだ》君は、絵の上手な人だ。　エ 秋の涼《すず》しい風が吹《ふ》いている。

オ 君は、日曜日に映画に行くの。

①[　　　]　②[　　　　　　　　]

5 **【「だ」の識別】** 次の文の――線部「だ」と異なる働きのものをあとから三つ選び、記号で答えなさい。

草むらを歩いていると、突然《とつぜん》バッタが飛んだ。

ア これが新しく開発された抗生《こうせい》物質だ。　イ 田舎《いなか》の祖父は、今でもとても元気だ。

ウ 彼女《かのじょ》は、赤い糸と白い糸とを結んだ。　エ この湖畔《こはん》の別荘《べっそう》は、昼間でも静かだ。

オ 昨日は疲《つか》れていたので仕事を休んだ。

[　　　][　　　][　　　]

6 重要 記述式 **【「だ」の識別】** 次の文の――線部「だ」と①同じ働きのものをあとから選び、記号で答えなさい。また、②その文法的な働きを説明しなさい。

私の両親は北海道の出身だ。

ア 外はどうも雪が降っているようだ。　イ 健康に最も大切なのは食事だ。

ウ 日本の少子化問題は、深刻そうだ。　エ 冷たいジュースを一気に飲んだ。

①[　　　]　②[　　　　　　　　]

解答▼別冊22ページ

時間 20分　合格点 80点　得点　点

【　月　日】

1 次の文の[A]〜[E]に入る言葉を、漢字で答えなさい。（4点×5—20点）

格助詞の「花が咲《さ》く」の「が」は[A]を、「果物がほしい」の「が」は[B]を示す。また、接続助詞の「泣きたいが、泣けない」の「が」は[C]の意味を、「海は広いが、空も広い」の「が」は[D]の意味を示す。「が」にはほかに、「外は暗い。が、家の中は明るい」のように[E]詞の「が」がある。

A	B	C
D	E	

2 「古風な感じで落ち着いたものを望むのが今日ではたいそう贅《ぜい》沢《たく》である」の「が」という語を辞書で調べたところ、いくつかの意味・用法のあることがわかった。「望むのが」の「が」と同じ意味・用法のものを次から選び、記号で答えなさい。（5点）

ア　フルートの演奏を聞いたが、すばらしい音色だった。
イ　早起きして散歩に行くことが、近ごろの父の日課だ。
ウ　明日は雨にならなければよいが、と曇《くも》った空を見上げる。
エ　桜のつぼみはふくらんだが、朝夕の冷え込《こ》みはまだ厳しい。

〔東京〕

ワンポイント
「望むのが」の「の」は、体言の代用をする格助詞である。

重要

3 次の文の═線部と文法的に同じ用法のものを──線部ア〜エから選び、記号で答えなさい。（5点）

ピアシングという行為《こうい》が、この十年ほどのあいだにこの国でもファッションとして定着しました。

親から授《さず》かった身体に傷をつけるなんて、とたしなめる人は、さすがに少なくなったようですがア、パンク系の若者のちょっと危ないファッションというのがイ、おおかたの受けとめかただったのではないかと思います。

昔から気分転換《てんかん》に髪《かみ》を切ったり染めたりというのはありましたがウ、そういう自己セラピーのような効果が、ピアスや茶髪《ちゃぱつ》にはあるようです。

「一つ穴を開けるたびごとに自我《じが》がころがり落ちてどんどん軽くなる」

これはある社会学者が町で採取した証言です。がエ、ピアシングの快感の表現としてはなかなかのものではないかと思います。

（鷲田清一《わしだきよかず》「ひとはなぜ服を着るのか」）

〔お茶の水女子大附高〕

4 次の文のA～Eに入る言葉を、漢字で答えなさい。（4点×5―20点）

格助詞の「君の来るのを待つ」の「の」はAを、「君のカバン」の「の」はB修飾《しゅうしょく》語を示し、「これは、君のだ」の「の」はCの代用をする。また、終助詞の「の」には、「どこに行くの」のようにDを表すものや「とても大変なのように軽いEを表すものがある。

A	B	C
D	E	

5 次の文の――線部「だ」の中で、意味・用法が同じものを次から二つ（一組）選び、記号で答えなさい。（完答5点）

ア 留学先のクラスメイトとは初日からトランプで遊んだ。
イ 人見知りな性格だったが、すっかり意気投合した。
ウ 私を受け入れてくれるか不安だったが、ほっとした。
エ その後も友達は増え続け、気づけば一番の人気者だった。
オ この性格の変化は、自分でもはなはだ疑問であった。

・

6 次の文の――線部「の」と同じ働きのものをあとから選び、記号で答えなさい。（5点）

科学は、人類の理性の産んだ大きな叡智《えいち》である。

ア 私の描《か》いた油絵が、市のコンクールで金賞に選ばれた。
イ 先生のところに届いた落とし物は、たぶん私のだ。
ウ 勝ったの、負けたのと、いくら騒《さわ》いだところで結果は変わらない。
エ 私の担任の山田先生は、常に笑顔を絶やさぬ穏《おだ》やかな人だ。
オ 以前彼に貸した私の本は、一体いつになったら返してもらえるのだろうか。

〔國學院高〕

7 記述 次の文の――線部「だ」の意味・用法を文法的に説明しなさい。（7点×5―35点）

(1) お祭りなので、みんな楽しそうだ。
(2) 沖縄の冬は、とても暖かだ。
(3) あの町が私の生まれたところだ。
(4) この小説は、ずいぶん前に読んだ。
(5) あれが私たちがめざす山頂のようだ。

(1)	(2)
(3)	(4)
(5)	

8 重要 次の文の「だ」と同じ意味・用法のものをあとから選び、記号で答えなさい。（5点）

旋律《せんりつ》はいつも一つだが、旋律の断片《だんぺん》が出たり消えたりする。

ア こんなに店が混んだのは、最近ではとても珍《めずら》しいことだね。
イ 彼《かれ》はこれから出かけて行くようだが、どこに行くのだろう。
ウ 雨雲に覆《おお》われていても、雲の上はいつも晴れているのだ。
エ この家には、とても働き者の人たちが住んでいるそうだ。

18 で・でも・に

【　月　日】

◆品詞や用法の違《ちが》いについて理解しよう。
◆入試頻出《ひんしゅつ》の「に」の用法を区別しよう。

重要点をつかもう

■で

1 格助詞の「で」
手段／原因・理由／場所／原料・材料／数量を表す。

(1) **体言（名詞）＋で**
昨日、映画館で彼《かれ》に会った。

(2) **体言の代用（の）＋で**
色鉛筆《えんぴつ》の青いので描《か》いた。

(3) **副助詞（だけ・ばかり）＋で**
土だけで作られた家だ。

2 接続助詞の「で」

(1) **接続助詞「ので」の一部**
暖かだったので、梅の花が開いた。

(2) **動詞連用形の撥《はつ》音便＋で**
住んでいる←住みて
※五段活用の動詞の撥音便化。

3 形容動詞活用語尾《ごび》の「で」
形容動詞連用形の活用語尾
このあたりの家は、静かでいい。

4 助動詞の「で」
断定の助動詞「だ」の連用形
あれが学校で、毎日通っている。

Step 1 基本問題

解答▼別冊22ページ

1 記述
［「で」の識別］ 次の文の――線部「で」と①文法上同じ種類のものをあとから選び、記号で答えなさい。また、②その文法上の用法について説明しなさい。

白石は男と同じ一年生だが、中学校での剣道《けんどう》の経験もない。

ア 今年は、毛筆で年賀状を書く。
イ 家の裏の畑で、花を栽培《さいばい》する。
ウ 二人で町に買い物に出かける。
エ 今日は、風邪《かぜ》で学校を休んだ。

①［　　］　②［　　　　　　］

2 重要 記述
［「で」の識別］ 次の文の――線部「で」と①文法上同じ種類のものをあとから選び、記号で答えなさい。また、②その文法上の用法について説明しなさい。

アメリカに留学するのが私の目標で、いま一生懸命《けんめい》に英会話を学んでいる。

ア 今日は風もなく、波も穏《おだ》やかであった。
イ 雨が降ったので、運動会が中止になった。
ウ これは牛の肉ではなく、羊の肉のようだ。
エ 夕焼け空に、からすが飛んでいる。
オ 京都まで新幹線で行く。

①［　　］　②［　　　　　　］

3 記述
［「でも」の識別］ 次の文の――線部「でも」と①文法上同じ種類のものをあとから選び、記号で答えなさい。また、②その文法上の用法について説明しなさい。

■でも

1 助詞の「でも」

(1) **接続助詞「ても」の濁音化《だくおん》**

いくら呼んでも返事をしない。

〈動詞連用形の撥音便＋ても〉

(2) **副助詞の「でも」**

誰《だれ》でも知ってる。《類推》

昼寝《ひるね》でもしようか。《例示》

2 接続詞の「でも」

逆接の接続詞

でも、どこにも出かけなかった。

■に

1 格助詞の「に」

場所・時間・帰着点／相手／変化の結果／目的／対象を表す。

(1) **体言＋に**

夏休みには、キャンプに行く。

(2) **動詞の連用形＋に**

今夜、音楽を聞きに行く。

2 形容動詞活用語尾の「に」

形容動詞連用形の活用語尾

いつも真剣《しんけん》に取り組んできた。

〈「に」を「な」「だ」に置き換《か》えられる。〉

3 副詞の一部の「に」

すでに・つねに・ついに・かりに

4 助動詞の連用形の一部の「に」

ように・そうに

学んでもなかなか上手にならないのは、私に才能がないからだろうか。

ア 読んでもみないで、批評はできない。
イ 簡単なので、子どもでもできそうだ。
ウ でも、それをみんな持っているんだ。
エ 暇《ひま》だから映画でも見に行こうかな。

① [　　] ② [　　]

4 重要 **[「でも」の識別] 次の文の――線部「でも」と文法上用法が異なるものをあとから選び、記号で答えなさい。**

たとえあの子の母親でも、それを許すわけにはいきませんわ。

ア 知らないことでも知ったふりをする。
イ 趣味《しゅみ》でも持ったほうがいいだろう。
ウ ピクニックにでも行ってみないかい。
エ いくらかんでもかみ切れなかった。
オ どんなに悲しいことでも受け入れる。

[　　]

5 記述 **[「に」の識別] 次の文の――線部「に」と① 文法上同じ種類のものをあとから選び、記号で答えなさい。また、② その文法上の用法について説明しなさい。**

人生はいつも愉快《ゆかい》に過ごすのが一番いいことだと思っている。

ア けっして勝手に行動するな。
イ 今度の日曜日、試合に行く。
ウ すでにそれは済んでいる。
エ とても悲しそうに見えた。

① [　　] ② [　　]

6 **[「に」の識別] 次の文の――線部「に」から文法上の性質がほかと異なるものを選び、記号で答えなさい。**

ア あらゆることが失敗に終わった。
イ いずれにしても、班全体にかかわることだ。
ウ 私に責任を求める子は一人もいない。
エ うさぎが死んでしまったように感じた。

[　　]

Step 2 標準問題

記述式

1 次の文の――線部「で」の意味・用法を、文法的に説明しなさい。（5点×6―30点）

(1) 最も美しいのは、春は桜で、秋は紅葉《もみじ》だ。
(2) 美術の時間に、鉛筆《えんぴつ》で自分の顔を描《か》いた。
(3) 西の山に太陽が沈《しず》んで、満月が昇《のぼ》ってくる。
(4) 今日はとても暖かいので、外に出てみた。
(5) 彼《かれ》はどんな人にも親切で、やさしかった。
(6) で、彼女《かのじょ》は学校に行ったのだろうか。

(1)	(2)
(3)	(4)
(5)	(6)

重要

2 次の文の――線部「で」と意味・用法が同じものをあとから選び、記号で答えなさい。（5点）

そのうちにぼくはふと気づいた。自然の中に吸い込《こ》まれるというこの表現は、里山については適切なものではないのではないかということに。

ア このあたりには木で造られた橋が多い。
イ あの絵はすばらしい芸術作品である。
ウ 明日は町の公民館で講演会が開かれる。
エ 雨が降ったので今日の試合は中止だ。

〔三重〕

解答▼別冊23ページ

時間 20分

合格点 80点

得点 点

【 月 日】

ワンポイント

例文の「で」は活用する語である点に着目する。

記述式

3 次の文の――線部「でも」の意味・用法を、文法的に説明しなさい。（5点×4―20点）

(1) この模型の組み立ては大人でも難しい。
(2) でも、私はその理由を知りたいのです。
(3) 君、これから一緒《いっしょ》に食事でもしないか。
(4) 大きな声で呼んでも彼は気づかなかった。

(1)	(2)
(3)	(4)

重要

4 次の文の――線部「でも」から異なる用法のものを選び、記号で答えなさい。（5点）

ア 桜見物でもしよう。
イ 資料を読んでもわからない。
ウ これは大人でも難しいと感じる問題だ。
エ 少し休憩《きゅうけい》でも取ろう。

記述式

5 次の文の——線部「に」の意味・用法を、文法的に説明しなさい。（5点×4—20点）

(1) 今日は、子どもたちと遊園地に出かけることになっている。

(2) 電話をしてみたが、彼はすでに家にはいなかった。

(3) 戦後の日本は、急激に豊かになってきた。

(4) 日曜日だというのに、仕事に出かけなくてはならない。

(1)	(2)
(3)	(4)

重要

6 次の文の——線部「に」と同じ意味・用法のものをあとから選び、記号で答えなさい。（5点）

この瞬間《しゅんかん》に愛が生まれるということです。

ア さらにまたお若い年代にいくと、昨年わたしが授業を担当させていただいた大学の女の子の学生が……。

イ だんだん芽が張ってくるようなそういう季節に、「清水は汲《く》まず」——お水汲みのほうは、なかなか……。

ウ 心と体は繋《つな》がっていますから、切なさ、寂《さび》しさ、待ち遠しさってものが、自然に足をこういうふうにさせる。

エ 現代の学生さんが歌っているということは、今さらのように新鮮《しんせん》な感動でした。

〔都立両国高〕

記述式

7 次の文章を読んで、あとの問いに答えなさい。

「時間」と言い、「空間」と言って、日頃《ひごろ》は二つの言葉を当然違《ちが》うもののようにア使い分けている。しかし時間の「間」は空間の「間」で①あって、両者は「間」で②重なり合う。

このことをおもしろく思い始めたのは、自分の肉体のある瞬《しゅん》間《かん》の状態を、何の迷いもなく時間と感じた時からで、空間を遮《さえぎ》る物体を時間と感じたというのは唐突《とうとつ》にひびくかもしれないが、その時の私にはイ、肉体という物体が矛盾《むじゅん》なく時間なのだった。

考えてみるとそれは、永遠なるものが永遠なるものとしてどこかに在るので③はなく、もし在るとすれば、具体的な物を通してしか顕《あらわ》れようのないものらしいと感じた瞬間にウ似ていたと思う。

それにエ、いったんそのことに気づいてからも、いつ何どきでもそのように感じられるわけで④はなく、身心がある状態にオ達しなければそういう瞬間の経験出来ないことまで⑤似通っている。

（竹西寛子《たけにしひろこ》「ひとつとや」）

(1) ——線部②・③・④・⑤の「で」から、——線部①と同じ意味・用法のものをすべて選び、記号で答えなさい。（完答5点）

(2) ——線部①「で」の意味・用法を説明しなさい。（5点）

(3) ＝＝線部ア・イ・ウ・エ・オの「に」から、——線部①の「で」と同じ品詞のものを選び、記号で答えなさい。（5点）

【　月　日】

第5章　品詞の識別

19 ある・また・な

◆品詞や用法の違《ちが》いについて理解しよう。
◆入試頻出《ひんしゅつ》の「ある」「な」の用法を区別しよう。

重要点をつかもう

■ある

1 動詞の「ある」
机の上にある本をとった。
〈五段活用の動詞「ある」の連体形〉
〈未然形は、打ち消し（否定）の助動詞の「ず」につく。…あら（ず）〉

2 連体詞の「ある」
本棚《ほんだな》に置かれたある本をとった。
〈「ある」は、「本」を修飾《しゅうしょく》。〉

■また

1 副詞の「また」（再び・もう一度）
太郎《たろう》君は、今年もまた旅行する。
〈「また」は、「旅行する」を修飾。〉

2 接続詞の「また」（その上に、並びに）
太郎君は旅行家であり、また画家でもある。
〈「また」が「旅行家」と「画家」を接続。〉

Step 1 基本問題

解答▼別冊23ページ

重要 記述式

1 ［「ある」の識別］次の文の――線部「ある」と①同じ用法のものをあとから選び、記号で答えなさい。また、②その用法・働きについて説明しなさい。

その事件が起こったのは、あるたいそう寒い朝のことだった。

ア この地層の中に、化石があるかないかの判断は大変難しいよ。
イ 彼が隠《かく》していたなんて、そんなことがあるはずがないと思う。
ウ 湖に大きな洞窟《どうくつ》がある風景など、めったにある風景ではない。
エ 昨年の八月、この町で起こったある出来事が新聞記事になった。

①［　　］②［　　　　］

重要 記述式

2 ［「また」の識別］次の文の――線部「また」と①同じ用法のものをあとから選び、記号で答えなさい。また、②その用法・働きについて説明しなさい。

「ここがあなたの生まれたところなの」と、また洋子は私に尋《たず》ねた。

ア 白くなったり、また赤くなったりと激しく変化しながら流れていく。
イ この地の景色は、また訪《おとず》れてみたいと感じさせるほどにすばらしい。
ウ 彼女《かのじょ》は、外見はもちろん美しいが、また内面においても美しかった。
エ 彼が将来目指していたのは、医者か、または医療《いりょう》研究者かであった。

①［　　］②［　　　　］

■ な

1 形容動詞（連体形）の活用語尾《ごび》の「な」

彼《かれ》らはとても愉快《ゆかい》な仲間だ。

〈形容動詞「愉快だ」の連体形の活用語尾〉

2 連体詞の一部の「な」

この池で、とても大きな魚が釣《つ》れた。

〈連体詞「大きな」の一部〉

3 助動詞の「な」

(1) 断定の助動詞「だ」の連体形。

彼は、優《すぐ》れた音楽家なのだった。

(2) 様態の助動詞「そうだ」の連体形の一部。

雨の降りそうな空模様だ。

(3) 比喩《ひゆ》・例示・推定の助動詞「ようだ」の連体形の一部。

雨の降るような空模様だ。

4 終助詞の「な」

これをけっして忘れるな。《禁止》

これはすばらしい絵だな。《感動》

---

3 [「な」の識別] 次の文の――線部「な」と①異なる品詞のものをあとから選び、記号で答えなさい。また、②異なる語の品詞名を答えなさい。

それは、とても興味のある学科なので、熱心に取り組んだ。

ア この村で生活したら、いつまでも元気で、幸せに暮らせたでしょう。

イ 彼ならば、きっとこの問題をたちどころに解いてくれるに違《ちが》いない。

ウ 昨日ここで会ったのが、子どものころに別れたお母さんだったのだ。

エ それは間違いないだろうけれど、もう一度確かめたほうがよかろう。

① [　　] ② [　　]

4 重要 [「な」の識別] 次の文の――線部「な」と同じ用法のものをあとから選び、記号で答えなさい。

この現象について理解するためには、専門的な知識が必要になる。

ア このことについて知っていそうな人に、尋ねてみることにしました。

イ このモーツアルトの曲は本当に素敵《すてき》だなと、彼は笑《え》みを浮《う》かべていた。

ウ ぼくが昼飯を食べているのはこの店なので、ちょっと寄って行かない。

エ 孝子《たかこ》ちゃんが持っていたのと同じなので、律子ちゃんはきっと喜ぶよ。

オ このところとてもおかしなことばかりが起こって、困惑《こんわく》しているのだ。

[　　]

5 記述式 [品詞の識別] 次の文の――線部①～⑤の語の用法・働きについて説明しなさい。

青く穏《おだ》やか①な海が広がる瀬戸《せと》内海を、白い波を立てながら一隻《せき》の客船が走っていく。その船は瀬戸内沿岸の②ある港町を目ざしていた。そこは、内海で漁をしたり、③またとれた海産物を加工したりして生計を立てている小さ④な漁港⑤なのだ。

① [　　] ② [　　]

③ [　　] ④ [　　]

⑤ [　　]

Step 2 標準問題

解答▼別冊23ページ

時間 20分　合格点 80点　得点 　点

【　月　日】

記述式　重要

1 次の文章を読んで、あとの問いに答えなさい。

どうして、こんな湾《わん》の中に、あんな大きな①外国の帆船《はんせん》がはいってきたのであろうか、そして②また、あの船員たちは浜へ上陸してくることも③あるのだろうか。Kは胸の中のどうきがなかなかに静まらなかった。

（庄野《しょうの》英二《えいじ》「白い帆船」）

(1) ——線部①「な」と同じ用法のものを次から選び、記号で答えなさい。（4点）

ア 道理に合わない、おかしな話だと思った。
イ 雨もやんでカラリと晴れた静かな朝を迎《むか》えた。
ウ 母が出かけて留守なので、家の前の浜《はま》で遊んでいた。
エ 家の中にいるより、避難《ひなん》所に行くほうが安全だな。

(2) ——線部②「また」と品詞の異なるものを次から三つ選び、記号で答えなさい。また、異なる語の品詞名をそれぞれ答えなさい。（4点×6—24点）

ア 村境の峠《とうげ》にさしかかったのはもう夕方のことであった。
イ 子どもの足でらくらく登れるほどで、それほど高くなかった。
ウ やわらかな日差しが庭にふりそそぐ。
エ 白い帆船は、まるで大きな白鳥のようであった。
オ 地球の裏側からはるばるやってきた。
カ いや、その時、浜にいた者たちは、大声で警戒《けいかい》しあった。
キ おそるおそる雨戸の節穴から、外の景色を眺《なが》めてみた。
ク ところが、ある年の、それも、もう夏の終わりであった。
ケ まだ少し時間が早いと見えて酒場の中はガランとしていた。
コ それはまさしくエビア号であった。

ワンポイント　——線部の語が、どんな文の成分になるかに着目する。

(3) ——線部③と、次の文の——線部④の「ある」との違《ちが》いを、文法的に説明しなさい。（4点）

④ある日の夕方、Kは友人の船員と二人で港にある酒場へ入っていった。

2 次の文の——線部の語の品詞を答えなさい。また、それぞれの語と同じ品詞のものをあとから選び、記号で答えなさい。（4点×8—32点）

(1) この博物館に展示してあるのは、重要文化財級の美術品だ。
(2) こちらの本か、あるいはあちらの本かを決めてください。

(3) この空模様だと、今夜はあるいは大雨かもしれない。
(4) これはある人から聞いた話なんだけれど、知っているかい。

ア 彼《かれ》は、植物分野のあらゆる知識に通じている。
イ 彼女《かのじょ》の悲しがる様子が、とても痛々しかった。
ウ すべて読んでみたが、あまり面白《おもしろ》くなかった。
エ 本当に暑い。けれども、暑いほうが夏らしい。
オ 近所の公園で子どもたちが元気に遊んでいた。

(1)　(2)　(3)　(4)

ワンポイント
まず、選択肢《せんたくし》の品詞から考えてみよう。

3

次の文の――線部の語の品詞とは異なるものをあとから選び、記号で答えなさい。（4点）

この会に参加できたことは、またとない機会でした。

ア またぞろこんなにひどい事件が起きてしまいました。
イ あれほど約束したのに、彼はまたもや約束を破った。
ウ 赤、または白いアサガオが庭には植えられていた。
エ またしても、こんなにうれしいことが伝えられた。

4

次の文の――線部の語の品詞を答えなさい。また、それぞれの語と同じ品詞の語をあとから選び、記号で答えなさい。（4点×8―32点）

(1) この植物園では、いろんな熱帯植物が育てられている。
(2) 父は、「ここは深いので絶対に泳ぐなよ。」と言っていた。
(3) 「数学は、いちばん嫌《きら》いな教科なんだ。」と、言った。
(4) 宇宙に関する彼の理論が、最も正しい理論なのだった。

ア 急に雨が降り出したので、すっかり濡《ぬ》れてしまった。
イ 小川の流れは激しかったので、向こう岸に渡《わた》れない。
ウ これは色も形も珍《めずら》しいねえと、じっくりと花を眺めた。
エ 事件については、おそらく新事実が見つかるはずだ。
オ ここにあるのは貴重な資料で、なかなか手に入らない。
カ でも、そればかりは本人の好みの問題ではなかろうか。
キ そんな重い石を持ち上げられるとは、たいした力だ。
ク 「ねえ、この辺で休みましょうよ」と、彼女は言った。
ケ このハウスの中は、まるで真夏のような暑さだった。

(1)　(2)　(3)　(4)

ワンポイント
選択肢を、自立語と付属語、活用のある語と活用のない語に分けてから、それぞれの語の品詞を考えてみよう。

記述式 重要

1 次の文章を読んで、あとの問いに答えなさい。

大発生したときのネズミはすさまじい。人さえ襲《おそ》うようにAもなるし、手当たりしだい植物を食べて移動していく。その数は数百万。こういう群れに会うと、大地がむくむく動いているようにB見える。

このようにC大発生したネズミが、その数をふやしながらⓐ、日本じゅうに広がるなら大問題に①なる。特別なネズミ殺し部隊をつくって、ネズミと大戦争をしなければならないⓑだろう。

がⓒ、ふしぎなことに、被害《ひがい》はⓓある限られた地方に②とどまっている。もちろん、学者や住民の努力もあるⓔがⓕ、それ以上にネズミ自身がⓖみずからの生命をたっているのである③。

ネズミは、ある密度を越《こ》えてふえると、しだいに正常な行動ができなくなり、狂《くる》い死にしてしまうので④ある。昭和一〇年、箱根で⑤大発生したときには、大群が芦《あし》ノ湖《こ》にとびこんで⑥自殺してしまった。しばらくは、秋に木の葉が湖面に散ったようにD、ネズミの死体が浮《う》いていたという。

（畑正憲《はたまさのり》「生きる」）

(1) ――線部A~C「ように」の文法的な意味をそれぞれ次から選び、記号で答えなさい。（4点×3―12点）

ア 様態　イ 例示　ウ 推定　エ 伝聞　オ 比喩《ひゆ》

A	B	C

(2) ――線部A~Cの「ように」から、――線部Dの「ように」と同じ用法のものを選び、記号で答えなさい。（4点）

(3) ＝＝線部ⓐ「ながら」と同じ用法のものを次から選び、記号で答えなさい。（4点）

ア 知りながらとぼける。　イ 不安ながら開催《かいさい》する。
ウ 若いながら腕《うで》は確かだ。　エ 食べながら道を歩く。

(4) ＝＝線部ⓑ「ない」と同じ用法のものを次から選び、記号で答えなさい。（4点）

ア それほど悪くない。　イ 雪で外には出られない。
ウ これほどひどくない。　エ 彼《かれ》の家に行きたくない。

(5) ＝＝線部ⓒ・ⓕ・ⓖの「が」の意味・用法をそれぞれ次から選び、記号で答えなさい。（3点×3―9点）

ア 格助詞〈主語〉　イ 格助詞〈対象〉
ウ 接続助詞〈逆接〉　エ 接続助詞〈並立《へいりつ》・対比〉
オ 接続詞

ⓒ	ⓕ	ⓖ

解答▼別冊24ページ

時間 20分
合格点 80点
得点 点

【 月 日】

(6) ══線部ⓓとⓔの「ある」の品詞を、それぞれ答えなさい。（4点×2―8点）

ⓓ ⓔ

(7) ――線部①～③の「に」と同じ意味・用法のものを次からそれぞれ選び、記号で答えなさい。（4点×3―12点）

ア 失敗に終わった。　**イ** 犬にほえられた。

ウ 歌をうたいに行く。　**エ** ついに到着《とうちゃく》した。

オ 花壇《かだん》に咲《さ》いている。

① ② ③

(8) ――線部④～⑥の「で」と同じ意味・用法のものを次からそれぞれ選び、記号で答えなさい。（4点×3―12点）

ア 大きくふくらんでいます。

イ 柔らかで、食べやすい。

ウ デパートで会いましょう。

エ 初めてだったので、疲《つか》れた。

オ これが客室で、大変広い。

④ ⑤ ⑥

(9) ～～線部「浮いて」の「て」の用法を文法的に説明しなさい。（5点）

記述式

2 次の文章を読んで、あとの問いに答えなさい。（3点×10―30点）

世界の城の中で、私が好きな①城のひとつがⓐフランスのシュノンソー城である。四世紀の間、六代に渡《わた》って城主が女性だったので「六人の女の城」と呼ばれⓑている。この城には三番目の城主カトリーヌが夫アンリ二世の死後、二番目の城主ディアヌを急にⓒ追い払《はら》ったⓓ歴史がある。なぜ急に追い払ったのⓓか、私は不思議にⓔ思った。調べたところ、綺麗《きれい》な②容姿のディアヌをアンリ二世が寵愛《ちょうあい》していたというような③事情にⓕ関係があるらしいⓖ。

(1) ――線部①・②・③の「な」の用法の説明として最も適切なものをそれぞれ次から選び、記号で答えなさい（同じ記号を何度使ってもかまいません）。

ア 推定の助動詞の一部　**イ** 例示の助動詞の一部

ウ 副詞の一部　**エ** 断定の助動詞の連体形

オ 形容動詞の連体形の活用語尾《ごび》

① ② ③

(2) ══線部ⓐ・ⓑ・ⓓ・ⓖの説明として最も適切なものをそれぞれ次から選び、記号で答えなさい（同じ記号を何度使ってもかまいません）。

ア 副詞の一部　**イ** 接続助詞　**ウ** 接続詞　**エ** 助動詞

オ 格助詞　**カ** 形容動詞の活用語尾　**キ** 終助詞

ⓐ ⓑ ⓓ ⓖ

(3) ══線部ⓒ・ⓔ・ⓕの「に」の用法を説明しなさい。

ⓒ ⓔ ⓕ

第6章 文語の文法

20 文語と口語の違《ちが》い

◆仮名遣《かなづか》いの違いについて理解しよう。
◆活用の種類や敬語の違いについて理解しよう。

【　月　日】

重要点をつかもう

■歴史的仮名遣いの原則

1 は・ひ・ふ・へ・ほ→わ・い・う・え・お
まはり（まわり）・思ひ（思い）
とほる〈通る〉（とおる）

2 ぢ・づ→じ・ず
もみぢ（もみじ）・しづく（しずく）

3 ゐ・ゑ・を（助詞以外）→い・え・お
まゐる〈参る〉（まいる）・つゑ〈杖〉（つえ）
をさなし〈幼し〉（おさなし）

4 くわ・ぐわ→か・が
くわんい〈官位〉（かんい）
いんぐわ〈因果〉（いんが）

5 母音が連続する〔au・iu・eu・ou〕の音→〔ô・yû・yô・ô〕
懐《なつ》かしう（なつかしゅう）・やうやう（ようよう）・まうす〈申す〉（もうす）

6 む（語中）→ん
いかにせむ→いかにせん

■活用の種類の違い

1 動詞の活用の種類

(1) 文語の活用の種類（九種類）

Step 1 基本問題

解答▼別冊24ページ

重要

1 〔歴史的仮名遣い〕次の文の――線部の語をそれぞれ現代仮名遣いに直し、すべてひらがなで答えなさい。

ものなど①問《と》はせたまひ、②のたまはするに、ひさしうなりぬれば、「おりまほしうなりにたらん。さらば、はや。夜《よ》さりはとく」と③おほせらる。

（清少納言《せいしょうなごん》「枕草子《まくらのそうし》」）

①〔　　　〕②〔　　　〕③〔　　　〕

2 〔動詞の活用〕次の文の――線部の動詞を現代仮名遣いに直し、その終止形をすべてひらがなで答えなさい。

弓矢の行方《ゆくへ》①知らねば、防ぎ戦ふに力なくて、今は疑ひなく殺されなむと②思ひて、篳篥《ひちりき》（楽器の一種）を、③取り出《い》だして、屋形の上にゐたり。

（「十訓抄《じっきんしょう》」）

①〔　　　〕②〔　　　〕③〔　　　〕

3 〔形容詞・形容動詞の活用〕次の文の（　）に入る言葉をそれぞれ選び、記号で答えなさい。

(1) 過《あやま》ちは、（　　）ところになりて必ず仕《つかま》ることに候《さうら》ふ。

（兼好法師《けんこうほうし》「徒然草《つれづれぐさ》」）

ア やすく　イ やすき　ウ やすから　エ やすし

〔　　　〕

(2) 宇治の里人《さとびと》を召《め》して、こしらへさせられければ、（　　）ゆひて参らせたりけるが、思ふやうに廻《めぐ》りて、水を汲《く》み入るること、めでたかりけり。

（兼好法師「徒然草」）

ア やすらかなら　イ やすらかなり　ウ やすらかなる　エ やすらかに

〔　　　〕

四段活用・上一段活用・上二段活用・下一段活用・下二段活用・カ行変格活用・サ行変格活用・ナ行変格活用・ラ行変格活用

(2) **口語の活用の種類（五種類）**

五段活用・上一段活用・下一段活用・カ行変格活用・サ行変格活用

2 形容詞・形容動詞の活用の種類

(1) **形容詞の活用の種類**

①ク活用	暑し・多し・長し・よし
②シク活用	涼《すず》し・美し・楽し・寂《さび》し

(2) **形容動詞の活用の種類**

①ナリ活用	静かなり
②タリ活用	堂々たり

■ 敬語の違い

1 尊敬語（なさる）

のたまふ（おっしゃる）・おぼしめす（お思いになる）・おはす（いらっしゃる）

2 謙譲語《けんじょう》（し申し上げる）

申《まう》す（申し上げる）・参《まゐ》る（参上する）・承《うけたまは》る（お聞きする）

3 丁寧語《ていねい》（あります・ございます）

侍《はべ》り・候《さぶら》ふ

4 [敬語] 次の文の――線部の敬語は、ア尊敬語、イ謙譲語、ウ丁寧語のどれか。それぞれ記号で答えなさい。

配膳《はいぜん》①つかまつる人の、をのこどもなど②召すほどもなく渡《わた》らせたまひぬ。「御墨《おすみ》などすれ」と③おほせらるるに、目をそらにて、ただおはしますをのみ見④たてまつる。

（清少納言「枕草子」）

① [　　] ② [　　] ③ [　　] ④ [　　]

5 重要 [活用と敬語] 次の文章を読んで、あとの問いに答えなさい。

今は昔、竹取《たけとり》の翁《おきな》といふものありけり。野山にまじりて、竹を取りつつ、よろづのことにⓐ使ひけり。名をば讃岐《さぬき》の造《みやつこ》となむⓑいひける。その竹の中に、もと光る竹なむ一筋《ひとすぢ》ありける。あやしがりて寄りて[A]に、筒《つつ》の中光りたり。それを[B]ば、三寸ばかりなる人、いと美しうて居たり。翁ⓒいふやう、「われ朝ごと夕ごとに[C]竹の中に①おはするにて知りぬ。子となり②たまふべき人なめり」とて、手にうち入れて家へ持ちて来《き》ぬ。妻の嫗《おうな》に預けて養《やしな》はす。[D]こと限りなし。いと[E]ば籠《こ》に入れて養ふ。

（「竹取物語」）

(1) ――線部ⓐ～ⓒを現代仮名遣いに直し、すべてひらがなで答えなさい。

ⓐ [　　] ⓑ [　　] ⓒ [　　]

(2) [A]～[C]に、動詞「見る」を適切に活用させて答えなさい。

A [　　] B [　　] C [　　]

(3) [D]には形容詞「美し」を、[E]には形容詞「幼し」を適切な形に直しなさい。

D [　　] E [　　]

(4) ――線部①・②の敬語の種類を漢字で答えなさい。

① [　　]語 ② [　　]語

Step 2 標準問題

解答▼別冊25ページ

時間 20分　合格点 80点　得点 点

【　月　日】

重要

1 次の文の——線部の語を現代仮名遣《づか》いに直し、すべてひらがなで答えなさい。（3点×6—18点）

(1) 人はよき友にあはむことをこひねがふべきなり。〔福島〕

(2) 札を立てしもいつはりにあらず。〔新潟〕

(3) 書ける物も、いにしへのは、あはれなること多かり。〔鳥取〕

(4) わがあしきゆゑをいひて、よき考へをひろめよ。〔群馬〕

(5) 見る人、なほたへがたし。〔愛媛〕

(6) この由《よし》をありのままにぞまうす。〔広島大附高〕

(1)	(2)	(3)
(4)	(5)	(6)

重要

2 次の文で、仮名遣いが現代と異なっている部分に——線を引き、例にならってそれぞれ現代仮名遣いに直しなさい。なお、該当《がいとう》箇所《かしょ》は四カ所あります。（3点×4—12点）

例 を《お》おのれが疵《きず》をかくさんとて

いづれも良ささうなれども、この白鷺《しらさぎ》の飛び上がりたる、羽《は》づかひがかやうでは、飛ばれまい。

（浅井了意《あさいりょうい》「浮世物語《うきよものがたり》」）

〔大阪教育大附高（平野）〕

3 次の文章を読んで、あとの問いに答えなさい。（4点×5—20点）

昔年より他作ⓐさうしへは序文を書かず。ⓑいはんや他作を此方《こなた》名前にて出版などいたし候《さうらふ》こと、A べきことに B ず。

（滝沢馬琴《たきざわばきん》の日記）

〔久留米大附高〕

(1) ——線部ⓐ「さうし」は、「書物」を指す古語である。①現代仮名遣いに直してひらがなで示し、さらに②漢字に直しなさい。

①	②

(2) ——線部ⓑ「いはんや」は音便形である。もとの形「いはむや」を古語辞典で引くと、語源について次のような説明がなされていた。（　）に入る言葉を答えなさい。

動詞「（　　）」の未然形に、推量の助動詞「む」と反語の係助詞「や」が付いて、一語化したもの。

(3) A・B に、それぞれ古語の動詞「あり」を適切に活用させて答えなさい。

A	B

ワンポイント

「いは」はハ行四段活用の動詞（未然形）であり、「あり」はラ行変格活用の動詞である。

重要

4 次の文のa【侍《はべ》り】・b【思ふ】を、適切に活用させて答えなさい。（4点×2—8点）

a 文盲《もんもう》（読み書きのできない人）は頭《かうべ》をかたぶけ、「かんにんとは四字にて【侍り】ずや」と指をもてかぞへ、～

b 「～何と仰《おほ》せありとも、我等《われら》は四字と【思ふ】侍れば、四字にてかんにんはいたし侍るなり」といへるに、～

（柳沢淇園《やなぎさわきえん》「雲萍雑志《うんぴょうざっし》」）

a	b

〔愛光高〕

5 次の文の［A］～［E］に入る語をあとから選び、記号で答えなさい。（3点×5—15点）

呂尚父《ろしやうふ》が妻、家を住みわびて、離《はな》れにけり。呂尚父、王の師となりて、［A］けるとき、かの妻帰り来て、もとのごとくあらむことをこひのぞむ。その時に、呂尚父、桶《をけ》一つを取り出でて、「これに水を［B］よ」といふままに入れつ。「こぼせ」といへば、こぼしけり。さて、「もとのやうに返し入れよ」といふ時、妻［C］て、「土にこぼせる水、いかでか返し入れむ」といふ。呂尚父いはく、「汝《なんぢ》、われに縁《えん》つきしことは、桶の水をこぼせるに［D］。いまさら、いかでかかへり［E］む」とぞいひける。

（「十訓抄《じっきんしょう》」）

A〔ア いみじく イ いみじ ウ いみじき エ いみじかり〕

B〔ア 入れ イ 入る ウ 入るる エ 入るれ〕

C〔ア 笑へ イ 笑は ウ 笑ひ エ 笑ふ〕

D〔ア 同じけれ イ 同じき ウ 同じく エ 同じ〕

E〔ア 住ま イ 住み ウ 住む エ 住め〕

A	B	C	D	E

〔十文字高—改〕

重要

6 次の文から、敬語の働きをしている語を二つ、終止形の形に直して抜《ぬ》き出しなさい。また、それぞれの敬語の種類を漢字二字で答えなさい。（3点×4—12点）

今は昔、唐《もろこし》に、孔子《くじ》、道を行き給《たま》ふに、八つばかりなる童逢《わらはあ》ひぬ。孔子に問ひ申すやう、「日の入る所と洛陽《らくやう》と、いづれか遠き。」と。孔子いらへ給ふやう、「日の入る所は遠し。洛陽は近し。」童の申すやう、「日の出で入る所は見ゆ。洛陽はまだ見ず。されば、日の出《い》づる所は近し。洛陽は遠しと思ふ。」と申しければ、孔子かしこき童なりと感じ給ひける。

（「宇治拾遺物語《うじしゅういものがたり》」）

	語
	語

〔石川〕

7 次の文の――線部ア～オの敬語について、それぞれを尊敬語と謙譲語《けんじょう》に分け、記号で答えなさい。（3点×5—15点）

よき人の御前《ごぜん》に、人々あまたアさぶらふ折、昔ありけることにもあれ、今イきこしめし、世にいひけることにもあれ、語らせウ給ふを、われにエ御覧じあわせてオのたまはせたる、いとうれし。

（清少納言《せいしょうなごん》「枕草子《まくらのそうし》」）

尊敬語	謙譲語

第6章　文語の文法

助動詞・助詞／係り結び

◆意味・用法の識別ができるようになろう。
◆係り結びについて理解しよう。

【　月　日】

重要点をつかもう

■ 文語の助動詞

1 助動詞の意味

完了《かんりょう》…つ・ぬ・たり・り
存続…たり・り　過去…き・けり
受け身・可能・自発・尊敬…る・らる
使役《しえき》・尊敬…す・さす・しむ
推量…む・むず・べし
現在推量…らむ　過去推量…けむ
推定…らし・めり
伝聞・推定…なり　打ち消し(否定)…ず
打ち消し推量・打ち消し意志…じ・まじ
断定…なり・たり　反実仮想…まし
希望…まほし・たし　比況《ひきょう》…ごとし

2 主な助動詞の意味・用法の識別

(1) ぬ

①完了の助動詞
花散りぬ。(〜シタ)

②強意の助動詞(下に推量の助動詞がつく)
風も吹《ふ》きぬべし。(キット〜)

③打ち消し(否定)の助動詞「ず」の連体形
見知らぬ鳥。(〜ナイ)

Step 1 基本問題

解答▼別冊27ページ

重要 **1** [「に」の識別] 次の文の——線部「に」と同じ意味・用法のものをあとから二つ選び、記号で答えなさい。

かの鹿《しし》河のほとりに出でて水を飲みける時、〜

ア わが四つ足の影水底《かげみなそこ》に映って、〜　イ 人の声ほのかに聞こえ、〜
ウ あまりにあわてて急ぐほどに〜　エ ある木のまたにおのれが角を引きかけて〜
オ 下へぶら下がりにけり。

[　　][　　]

2 [「に」の識別] 次の文の——線部①〜③「に」の文法的な意味・用法をあとからそれぞれ選び、記号で答えなさい。

竹取《たけとり》の翁《おきな》、竹を取るに①、この子を見つけてのちに、竹取るに、節《ふし》を隔《へだ》てて、よごとに、金《こがね》ある竹を見つくること重なりぬ。かくて翁やうやう豊かに②なりゆく。この児《ちご》養ふほどに③、すくすくと大きになりまさる。(「竹取物語」)

ア 形容動詞の活用語尾　イ 完了の助動詞　ウ 断定の助動詞
エ 格助詞　オ 接続助詞

①[　　]　②[　　]　③[　　]

重要 **3** [「ぬ」の識別] 次の文の——線部「ぬ」と同じ意味・用法のものをあとから選び、記号で答えなさい。

「わが京都の住居を見せて驚《おどろ》かせん」と、その住家《すみか》へ伴《ともな》ひぬ。

ア 月明《あか》ければ、ある人を尋《たづ》ぬ。　イ 手にうち入れて家へ持ちて来ぬ。

(2) に

①形容動詞の連用形の活用語尾《ごび》
②副詞の一部《つひに・いかに》
③完了の助動詞「ぬ」の連用形（〜シタ）
④断定の助動詞「なり」の連用形（〜デアル）
⑤格助詞（寺に行きたり。）
⑥接続助詞（寒きに、火なし。）

■文語の助詞

1 助詞の種類

格助詞・接続助詞・副助詞・係《かかり》助詞 終助詞・間投助詞

2 主な助詞の意味・用法の識別

◇の【格助詞】
①主格（〜ガ）
②連体修飾《しゅうしょく》格（〜ノ）
③準体言（〜ノモノ、コト）
④同格（〜デアッテ、シカモ〜）
⑤比喩《ひゆ》（〜ノヨウニ）

■係り結び

◇係助詞（「けいじょし」ともいう。）
①ぞ・なむ（なん）〔強意〕
・連体形結び《夏ぞ暑き・鳥なむ鳴く》
②や・か〔疑問・反語〕
・連体形結び《波や立つ・何事かある》
③こそ〔強意〕
・已然《いぜん》形結び《いまこそ行け》

ウ あるは焔《ほのほ》にまぐれてたちまちに死ぬ。
エ 京には見えぬ鳥なれば、みな人知らず。
［　　］

4【「ぬ」の識別】次の文の——線部の助動詞「ぬ」の文法的な意味をあとから選び、記号で答えなさい。

A 翁心地《ここち》あしく苦しき時も、この子を見れば苦しきこともやみぬ。
B あたりを離《はな》れぬ公達《きんだち》、夜を明かし、日を暮らす、多かり。

ア 推量　イ 打ち消し　ウ 断定　エ 過去　オ 完了

A［　　］　B［　　］

重要
5【「の」の識別】次の文の——線部の助詞「の」について、あとの問いに答えなさい。

A 夕日の射《さ》して、山の端《は》いと近うなりたるに、〜。（清少納言《せいしょうなごん》「枕草子《まくらのそうし》」）
B 大きなる柑子《かうじ》（みかん）の木の、枝もたわわになりたるが、〜。（兼好法師《けんこうほうし》「徒然草《つれづれぐさ》」）

(1) ——線部の文法的な意味・用法を次からそれぞれ選び、記号で答えなさい。
ア 主語　イ 連体修飾語　ウ 同格　エ 比喩
A［　　］　B［　　］

(2) ——線部と同じ意味・用法のものを次からそれぞれ選び、記号で答えなさい。
ア 初めよりのことうち思ひ出でられて
イ 大和《やまと》のも、いとめでたし
ウ 世になく清らなる玉の男御子《をのこみこ》
エ 白き鳥の嘴《はし》と脚《あし》と鴫《しぎ》の大きさなる
A［　　］　B［　　］

重要
6【係り結び】次の文の□に入る言葉をそれぞれ選び、記号で答えなさい。

(1) 昔の契《ちぎり》ありけるによりなむ、この世界にはまうで来たり□。（「竹取物語」）
ア けら　イ けり　ウ ける　エ けれ

(2) 霜《しも》いと白う置ける朝《あした》、遣水《やりみず》より烟《けぶり》の立つこそ□。（兼好法師「徒然草」）
ア をかしから　イ をかし　ウ をかしける　エ をかしけれ

(1)［　　］　(2)［　　］

1 次の文の‖線部「に」について、①文法的意味・用法が同じものをあとから選び、記号で答えなさい。また、②その語の文法的意味・用法を答えなさい。（4点×2—8点）

空高く飛び翔《か》けるときは、はるかに‖人の住家《すみか》なども見下しつ。

ア ことに‖さまざまの鳥は、みな恐《おそ》れて逃《に》げ走る。
イ しきりに‖ししむら（肉）を刺《さ》し、血を吸ひてゐしが、〜。
ウ つひに、その鷹《たか》も倒《たふ》れに‖けり。
エ かたはらへ這《は》ひ寄れば、うれしげに‖見て〜。
オ かの友どちに‖語りにけり。

〔大阪教育大附高—改〕

① ②

2 次の文の‖線部「ぬ」について、①文法的意味・用法が同じものをあとから選び、記号で答えなさい。また、②その語の文法的意味・用法を答えなさい。（4点×2—8点）

秋来《き》ぬ‖と目にはさやかに見えねども風の音にぞ驚《おどろ》かれぬる

ア 花の咲《さ》かぬ‖木もありし。
イ 四十に足らぬほどにて死ぬ‖こそ〜。
ウ 山の中に、心もあらずとどまりぬ‖。
エ 一人二人、すべり出でて往《い》ぬ‖。
オ 法師ばかりうらやましからぬ‖者はあらじ。

① ②

3 次の文の‖線部ア〜エ「の」から、①用法の異なるものを選び、記号で答えなさい。また、②異なる語の用法を答えなさい。（4点×2—8点）

玄奘三蔵《げんじやうさんざう》の‖ア、仏法東流（中国に広めること）の‖イために春秋寒暑（四季を繰《く》り返すこと）十七年、耳目見聞（実際に訪《おとず》れること）百三十国、五天竺《てんじく》（インド全土）に巡《めぐ》り歩《あり》きたまひける。五百のウ‖盗人《ぬすびと》にあひて、何もかも皆《みな》とられたまひければ、月氏《げっし》国（国の名）のエ‖人集まりて訪《と》ひたてまつりけるに、少しも嘆《なげ》きたまへる色なかりければ…。

〔山形〕

① ②

記述式 重要

4 次の文章を読んで、あとの問いに答えなさい。

鶯《うぐひす》は、文《ふみ》などにア|もめでたきものにイ|作り、声よりはじめて、様《さま》かたちもさばかりあてにウ|うつくしきほどよりは、九重《ここのへ》（宮中）のⓐ‖うちに鳴かぬⓑ‖ぞいと【わろし】A。人のⓒ‖、「さなむ【あり】B」といひしを、「さしもあらじ」と思ひしにエ|、十年《とせ》ばかりさぶらひて聞きしに、まことにオ|さらにカ|音《おと》せざりき。さるは、竹（皇居の庭の竹）近き紅梅もいとよく通ひぬⓓ‖べきたよりなりかし。まかでて聞けば、あやしき（みすぼらしい）家の見所もなき梅の木などには、かしがましき（うるさい）までぞ【鳴く】C。夜鳴かぬもいぎたなき（寝坊《ねぼう》な）心地《ここち》すれども、今はいかがせむ。

（清少納言《せいしょうなごん》「枕草子《まくらのそうし》」）

(1) ——線部ア～カの「に」を、①形容動詞の活用語尾《ごび》、②副詞の一部、③格助詞、④接続助詞に分け、記号で答えなさい。（4点×6—24点）

①	②	③	④

(2) ═線部ⓐ～ⓓの語について、次の問いに答えなさい。（4点×4—16点）

① ═線部ⓐ・ⓒの「の」と文法的意味・用法が同じものをそれぞれ次から選び、記号で答えなさい。

ア 初心の人、二つの矢を持つことなかれ。
イ この国の博士どもの書けるものも、いにしへのはあはれなること多かり。
ウ わが袖《そで》は潮干《しほひ》に見えぬ沖の石の人こそ知らねかわく間もなし
エ 闇《やみ》もなほ、ほたるの多く飛びちがひたる。
オ 女の、え得まじかりけるを、年を経てよばひわたりけるを、～。

ⓐ	ⓒ

② ═線部ⓑ・ⓓの「ぬ」の文法的意味・用法を答えなさい。

ⓑ	ⓓ

(3) 【A】～【C】の語を、適切な形に直しなさい。（4点×3—12点）

A	B	C

(4) 〰線部「いかがせむ」のもとの形は「いかにかせむ」である。「いかにか」の「か」が係助詞のとき、助動詞「む」の活用形を答えなさい。（4点）

（　　　）形

ワンポイント
(2)助詞の「の」には主語・連体修飾語《しゅうしょく》・準体言・同格・比喩《ひゆ》などの意味・用法がある。

重要

5 次の文の═線部①～⑤の係助詞の結びの語を、そのままの形で抜《ぬ》き出しなさい。（4点×5—20点）

いづくにもあれ、しばし旅だちたるこそ［①］、目さむる心地すれ。そのわたり、ここかしこ見ありき、ゐなかびたる所、山里などは、いと目なれぬ事のみぞ［②］多かる。都へたよりもとめて文やる、「その事かの事、便宜《びんぎ》に（都合のいいときに）、忘るな」などいひやるこそ［③］をかしけれ。さようの所にてこそ［④］、よろづに心づかひせらるれ。持てる調度まで、よきはよく、能ある人、かたちよき人も、常よりはをかしとこそ［⑤］見ゆれ。

（兼好《けんこう》法師「徒然草《つれづれぐさ》」）

①	②	③

④	⑤

ワンポイント
係助詞「ぞ・なむ・や・か」の結びは連体形、「こそ」の結びは已然《いぜん》形である。

Step 3 実力問題

解答▼別冊29ページ

時間 20分　合格点 80点　得点 [　　]点

【　月　日】

1 次の文章は、平安時代後期の藤原宗輔《ふじわらのむねすけ》という人物について書かれたものである。これを読んで、あとの問いに答えなさい。（3点×10—30点）

すべて、蜂《はち》は短小の虫なれども、仁智《じんち》の（温かく賢《かしこ》い）心あAりといへり。

されば、京極太政大臣宗輔公《きょうごくだじょうだいじんむねすけこう》は、蜂をいくらともなく（たくさん）a【飼ふ】たまひて、「なに丸」「か丸」と名を付けて、b【呼ぶ】たまひければ、召しにBしたがひて、恪勤者《かくごしゃ》（大臣家などに仕えた侍《さむらい》）などを勘当《かんだう》（こらしめること）したまひけるには、「なに丸、某《なにがし》c【刺す《さ》】て来《こ》。」とのたまひければ、そのままに①ぞ振《ふ》る舞《ま》ひける。

出仕《しゆつし》の時は車のうらうへの物見（牛車の両側の物見窓）に、はらめきける（乱れ飛んでいたの）を、「とまれ。」と②のたまひければ、d【とまる】けり。世には蜂飼ひの大臣《おとど》とぞ③申しける。不思議の徳、④おはしける人なり。

（「十訓抄《じっきんしょう》」）

(1) ——線部A・Bを現代仮名遣《かなづか》いに直し、すべてひらがなで答えなさい。

A [　　]　B [　　]

(2) 【a】～【d】の動詞を、適切に活用させなさい。

a [　　]　b [　　]　c [　　]　d [　　]

(3) ——線部①の結びの語を、そのままの形で抜《ぬ》き出しなさい。

[　　]

(4) ——線部②～④の敬語表現のもととなっている古語をひらがなで答えなさい。

② [　　]　③ [　　]　④ [　　]

〔山形—改〕

2 次の文章を読んで、あとの問いに答えなさい。（4点×7—28点）

露通《ろつう》（芭蕉《ばしょう》の弟子《でし》）もこの港①まで出で迎《むか》ひて、美濃《みの》の国へと伴《ともな》ふ。駒《こま》に助けられて大垣《おほがき》の庄《しやう》に入れば、曾良《そら》（芭蕉の弟子）も伊勢《いせ》②より来りあひ、越人《えつじん》（芭蕉の弟子）も馬をとばせて、如行《じょかう》（芭蕉の弟子）が家に入り集まる。

前川子《ぜんせんし》・荊口《けいこう》（芭蕉の弟子）父子、そのほか③親しき人々日夜とぶらひて、蘇生《そせい》の者Aに逢《あ》ふが④ごとく、かつ悦《よろこ》び、⑤かついたはる。旅のもの憂《う》さもいまだやまざるBに、長月六日Cになれば、伊勢の遷宮《せんぐう》（伊勢神宮の儀式《ぎしき》）拝まんと、また舟《ふね》Dに乗りて、

蛤《はまぐり》のふたみEにわかれ行く秋ぞ

（松尾芭蕉《まつおばしょう》「おくのほそ道」）

(1) ——線部①～⑤の品詞名を次から選び、記号で答えなさい。

ア 形容詞　イ 接続詞　ウ 副詞　エ 助動詞　オ 助詞

① [　　]　② [　　]　③ [　　]　④ [　　]　⑤ [　　]

(2) ——線部A～Eの助詞「に」の中で、種類の異なるものを選び、記号で答えなさい。また、その助詞の種類を答えなさい。

[　　]　[　　]助詞

〔堀越高—改〕

3 次の文章を読んで、あとの問いに答えなさい。（4点×6―24点）

村上《むらかみ》①の前帝《せんだい》（村上天皇）②の御時《おほんとき》に雪③のいみじう降りたりけるを、様器《やうき》（白色の陶器《とうき》）に盛らせ給《たま》ひて、梅④の花をさして、月のいと明《あ》かきに、「これ、歌よめ。いかがいふべき。」と兵衛（女官の呼び名）の蔵人《くらうど》（下級の女官）に賜《たま》はせたりければ、「雪月花の時。」と奏《そう》したりけるをこそ、いみじうめでさせ給ひ【A けり】。「歌など詠《よ》むは世の常なり。かく折に合ひたることなむ、【B 言ひ難《がた》し】。」とぞ仰《おほ》せられ【C けり】。

同じ人を御供《おとも》にて、殿上《てんじやう》（皇居の控《ひか》えの間）に人さぶらはざりけるほど、たたずませ給ひけるに、炭櫃《すびつ》にけぶりの立ちければ、「かれは何ぞと見よ。」と仰せられければ、見て帰りまゐりて、

わたつ海の沖にこがるる物みればあまの釣《つり》してかへるなりけり

と奏しけるこそ【D をかし】。蛙《かへる》の飛び入りて焼くるなりけり。

（清少納言《せいしょうなごん》「枕草子《まくらのそうし》」）

(1) ――線部①～④の「の」には、「～の」という意味で使われているものと、「～が」という意味で使われているものがある。①～④のそれぞれをこの二つに分けるとき、分け方として最も適切なものを次から選び、記号で答えなさい。

ア ①・②・③は「～の」・④は「～が」
イ ①・②・④は「～の」・③は「～が」
ウ ①・③・④は「～の」・②は「～が」
エ ①・②は「～の」・③・④は「～が」
オ ①・③は「～の」・②・④は「～が」

(2) 【A】～【D】の語を、それぞれ適切な形に直しなさい。

A	B	C	D

(3) 〰〰線部「兵衛」は、歴史的仮名遣いで「ひやうゑ」と書く。これを現代仮名遣いに直し、すべてひらがなで答えなさい。

（高田高―改）

4 次の文の――線部①～⑥の品詞名をそれぞれあとから選び、記号で答えなさい（同じ記号を何度使ってもかまいません）。（3点×6―18点）

公世《きんよ》（藤原公世《ふじわらの》）の二位のせうとに、良覚僧正《りやうがくそうじやう》と聞こえし（申し上げた方）は、①極《きは》めて②腹あしき人なりけり。坊《ばう》（僧侶《そうりょ》の住む部屋）の③かたはらに、④大《おほ》きなる榎《えのき》の木のありければ、人、「榎木《えのきの》僧正」とぞ言ひける。この名然《しか》る⑤べからずとて、かの木《き》を伐られにけり。その根のありければ、「きりくひ（切り株）の僧正」と言ひけり。⑥いよいよ腹立ちて、きりくひを掘《ほ》り捨てたれければ、その跡《あと》大きなる堀《ほり》にてありければ、「堀池僧正《ほりけの》」とぞ言ひける。

（兼好法師《けんこうほうし》「徒然草《つれづれぐさ》」）

ア 名詞　イ 動詞　ウ 形容詞　エ 形容動詞
オ 副詞　カ 連体詞　キ 接続詞　ク 助動詞
ケ 助詞

①	②	③	④	⑤	⑥

高校入試 総仕上げテスト ❶

解答▼別冊30ページ

時間 20分　合格点 80点　得点　　点

【　月　日】

❶ 次の文の文節の数を、算用数字で答えなさい。（3点×4―12点）

(1) 食べ物をわけてくれませんか。

(2) あなたはなぜ、夏のあいだに食料あつめをしておかなかったんだね。

(3) 川の向こうに見える青い屋根の建物が、僕《ぼく》の住んでいるマンションです。

(4) 山口君は国語だけでなく、数学や理科も得意だそうです。

(1)　(2)　(3)　(4)

❷ 次の文の――線部「とうとう」が直接かかる言葉を、一文節で抜《ぬ》き出しなさい。（4点）

学級会の話し合いで話が行き詰《づ》まって、とうとう文化祭で何をやるか決まらなかった。

〔熊本〕

❸ 次の文の――線部から連用修飾語《しゅうしょくご》を選び、記号で答えなさい。（4点）

ア 彼女《かのじょ》の考えに、多くの人が賛同しました。

イ 妹はかわいい人形を買ってもらいました。

ウ 通学路に咲《さ》いた白い花の名前を、私に教えてください。

エ あなたが母に優《やさ》しくしてくれて、うれしく思います。

〔日本大豊山女子高―改〕

❹ 次の文の――線部「ないこともなかった」を、例にならって品詞分解し、それぞれ品詞名を答えなさい。（完答6点）

しかし、モデルである息子《むすこ》の出現は私にとって好都合でないこともなかった。

例

名詞	助詞	動詞
試合	に	勝つ

〔大阪教育大附高（平野）〕

❺ 次の文の――線部「染まる」と、同じ活用の種類の動詞を含《ふく》む文として最も適切なものをあとから選び、記号で答えなさい。（5点）

イチョウの葉が黄金《こがね》色に染まる。

ア 昨夜はあまりにも寒かったので重ね着をした。

イ 私の趣味《しゅみ》は休みの日にゆっくりと本を読むことだ。

ウ この数学の問題は公式を用いれば簡単だ。

エ この仕事を軌道《きどう》に乗せるにはもうひとつ工夫《くふう》が必要だ。

〔高知〕

❻ 次の文の――線部の四つの動詞のうち、活用形の異なるものを次から選び、記号で答えなさい。（5点）

ア　さまざまな情報があり、安易な道、やさしい道が目の前に数多くある。
イ　そのため、選択《せんたく》の余地なくその道を歩んだけれど、今は近道が他にたくさんできている。
ウ　自分で、「何をやっているのだ」と思うこともあるだろう。
エ　将棋《しょうぎ》でも、直接対局に関係ないように思えることが、あとになってプラスになったということはいろいろある。

〔千葉〕

7 次の文の――線部から用言を二つ抜き出し、それぞれ品詞名も答えなさい。（4点×4—16点）

来訪者にとって好ましく思えることが、生活者にも好ましいとは限らない。

〔兵庫〕

8 次の文の――線部「ずっと」と異なる品詞のものをあとから選び、記号で答えなさい。また、その品詞名を答えなさい。（4点×2—8点）

自分で考えて行動するということは、決められたことをするということにくらべて、ずっと難しいことだ。

ア　身近な庭の一角を、遠い「名所」に見立てて喜んだのである。
イ　べつに「天《あま》の橋立《はしだて》」でなくても十分うつくしい池〜
ウ　名所の風景の中からもっとも本質的な部分を抜き出して〜
エ　ここでとくに「名所」ということばが使われているのは無意味ではないだろう。
オ　平安時代の人間はすでに「名所」の観念を持っており、〜

〔高田高—改〕

9 次の文の――線部①〜⑧の文法的意味として最も適切なものをあとから選び、記号で答えなさい（同じ記号を何度使ってもかまいません）。（5点×8—40点）

病気以来、私はまだ一度も外気に触《ふ》れていないのだった。そこで、①ふらふらと玄関《げんかん》へ出た私は、下駄《げた》を手に取って、しびれた足にはかせた。たたきの上で二三歩練習してみると、下駄ばきでも歩か②れるのである。私はステッキにすがって外に出た。玄関の戸は、一尺ばかり開けたままにしておいた。万一応急の場合を考えたからである。雪解けで外は③ぬかるんでいたが、水気の多い、④静かな穏《おだ》やかな晩なので、初めて触れる⑤外気も、格別からだにこたえるというほどのことは⑥なかった。道に出て振《ふ》り仰《あお》ぐと、東隣《ひがしどなり》の二階の屋根越《ご》しに、月が懸《か》かっていたのである。私は月から目を離《はな》さないで、路上にたたずんだ⑦り、少しばかり往《ゆ》き来してみたり⑧した。（上林暁《かんばやしあかつき》「月魄《つきしろ》」）

ア　名詞　　イ　動詞　　ウ　形容詞　　エ　形容動詞
オ　副詞　　カ　連体詞　　キ　接続詞　　ク　助動詞
ケ　助詞

①	②	③	④	⑤

⑥	⑦	⑧

〔慶應義塾高—改〕

第1章　第2章　第3章　第4章　第5章　第6章　総仕上げテスト

高校入試 総仕上げテスト❷

解答▼別冊31ページ

時間 30分　合格点 80点　得点　　点

【　月　日】

❶ 次の文の――線部を、例にならって品詞分解し、それぞれ品詞名を答えなさい。ただし、活用のあるものは文中での活用形も答えなさい。（完答6点）

檜《ひのき》の子は、エリートにもアテにもない、いじらしさをもっていた。それは、伸《の》びよと祈《いの》らせる強いいじらしさだった。

例

名詞	助詞	名詞	助詞	名詞	助動詞 終止形
明日	は	本校	の	体育祭	です

❷ 次の文の――線部の品詞名を、それぞれ答えなさい。（3点×3―9点）

(1) そこに登場するサルの名を人だと思って聞いても違和感《いわかん》がないほどである。

(2) 「その気持ちはわかるな」と、私は前にも述べた。

(3) 論文にはもちろんサルの気持ちなどは書かないが、われわれは真にサルの気心がわかり過ぎるくらいわかることがある。

（東大寺学園高）

(1)	(2)	(3)

❸ 次の文の――線部の語と同じ品詞・用法のものをそれぞれ選び、記号で答えなさい。（3点×7―21点）

(1) 身近な草花に親しみを感じます。

ア 一回り大きなサイズを探しています。

イ 負けた時の悔《くや》しさから学ぶことも多くある。

ウ 彼《かれ》は何が起きても少しも動じない。

エ こうしてお目にかかれることを喜ばしく思っています。

（都立産業技術高専）

(2) いまこの原稿《げんこう》を書いている私の目の前には、夏の群馬県、上野村の景色が広がっている。

ア 旅行にお金がいる。　イ 人の意見を用いる。

ウ 一列に並んでいる。　エ 兄は今学校にいる。

（富山）

(3) 昨日はおなかが痛かった。

ア 痛みを分かちあってこそ、真の友達と言える。

イ もう熱も下がったし、頭もそれほど痛まない。

ウ 幼い男の子が頭を柱にぶつけ、泣いて痛がる。

エ 歯が痛ければ、早く歯医者に行った方がいい。

（栃木）

(4) さてこれらの原猿類《げんえんるい》の「利《き》き手」だが、原猿類が箸《はし》を使うわけがないが、手を伸ばして食物をとって口に運ぶ際、～。

ア なぜ左手なのだろうと、研究者は不思議に思った。

イ このしがみつく姿勢で、右手で体を支え、～。

ウ それに影響《えいきょう》を受けて、同じく右半球がコントロールする左手が食物採取に利用された。

エ そして様々な捕食《ほしょく》者に対応して異なった警戒音《けいかいおん》や、社会関係を表す多様な音声が発達した。〔秋田〕

(5) どれも今日の問題とつながるものばかりである。
ア うた寝《ね》をしたばかりに、風邪《かぜ》を引いてしまった。
イ 泳ぎ疲《つか》れたので、一時間ばかり眠《ねむ》ることにした。
ウ 私も妹もその推薦《すいせん》図書を読んだばかりです。
エ 静寂《せいじゃく》の中、聞こえてくるのはせみの声ばかりだ。〔都立国分寺高〕

(6) 師匠《ししょう》から教わったいろいろの約束事に縛《しば》られることもあるだろうが、そのための姿が見えない。
ア ふるさとに帰ると、昔のことが思い出される。
イ 隣《となり》のおじいさんには高校生のお孫さんがおられる。
ウ 彼女《かのじょ》の誕生日を祝うパーティーに招かれる。
エ 朗読の手本として、まず、先生が読まれる。〔奈良〕

(7) 御殿場《ごてんば》のあたりから先の裾野《すその》がすべて富士の高さに加わって見えてくるわけとは知りつつ、これだけの距離《きょり》を隔《へだ》てて、あれがもし頂上だとしても、その高さはおそるべきものと思えるのだった。
ア 両者が協力しつつ事を行った。
イ 機会をうかがいつつ情勢を見守った。
ウ そこは年々地盤《じばん》が沈下《ちんか》しつつあった。
エ 問題点を認識《にんしき》しつつ対処できなかった。〔筑波大附高―改〕

(1) (2) (3) (4) (5) (6) (7)

---

4 次の文の――線部の語と品詞・用法の異なるものをそれぞれ選び、記号で答えなさい。（4点×2―8点）

(1) このとらわれこそ自分の可能性が花開くのを妨害《ぼうがい》しているような気がする。
ア「輝《かがや》かなきゃ」という思いが、逆に輝きを奪《うば》う。
イ なるべく考えないようにすればよいのか。
ウ それが手に入ったときの喜びや感激などの感情までイメージしながら、～。
エ まだ手に入っていない成果を想像して喜びすぎるのはいけない、という教えが～。〔秋田―改〕

(2) しきりに息を吸いあげるような気ぶりをする～。
ア どうも匂《にお》いを嗅《か》いでいるようなので、～。
イ 二十何年ずっと一緒《いっしょ》に暮らしてきた舅《しゅうと》である。
ウ 笑みを浮《う》かべているのを見たら、たまらなく悲しくて、～。
エ どうせ食べられはしなかろうが見せるだけでもと思って、～。〔お茶の水女子大附高―改〕

(1) (2)

5 次の文の A ～ D に入る敬語を答えなさい。（4点×4―16点）

「食べる」は「お食べになる」ともいえますが、「 A 」の方が適当でしょう。「 A 」の「上がる」は、「上げる」が作《さく》為《い》的に上にするのに対して、「自然に上がる」という表現です。「来る、行く、いる」は、三つとも「 B ・おいでになる」となってしまいます。（中略）「見る」は「見られる」ともいえなくはありませんが、それは「他人から見られる」という「受け身」とも取れます。そういう形は避《さ》けた方がいい。すると、「C」となります。「言う」は「D」です。

（大野晋《おおのすすむ》「日本語練習帳」）

A	
B	
C	
D	

6 次の文の——線部の歴史的仮名遣《かなづか》いを、現代仮名遣いに直し、すべてひらがなで答えなさい。（2点×5—10点）

「①おほやけの勅宣《ちょくせん》②承《うけたま》はりて、定めに③まゐる人とらふるは何ものぞ。ゆるさずばあしかり④なむ」とて、御太刀《おんたち》をひきぬきて、かれが手をとらへさせ⑤たまへりければ、まどひてうち放ちてこそ、丑寅《うしとら》の隅《すみ》ざまにまかりにけれ。

（「大鏡」）

①	
②	
③	
④	
⑤	

7 次の文章を読んで、あとの問いに答えなさい。（3点×10—30点）

熊谷《くまがへ》、「あれは大将軍とこそ①見参らせ候《さうら》へ。②まさなうも（卑怯《ひきょう》にも）敵《かたき》に後ろを見せさせ給《たま》ふものかな。かへさせ給へ。」と扇《あふぎ》をあげて招きければ、招かれてとつて返す。汀《なぎさ》（波打ちぎわ）にうち上がらんとするところに、押《お》し並べてむずと組んでどうと落ち、とつて押さへて頸《くび》をかかんと甲《かぶと》を押しあふのけて見ければ、年十六七ばかりなるが、薄化粧《うすげさう》して、かね黒（歯を黒く染めていること）なり。わが子の小次郎《こじらう》が③齢《よはひ》ほどにて、容顔《ようがん》まことに④美麗《びれい》なりければ、いづくに刀を立つべしとも覚えず。「そもそもいかなる人にてましまし候ふぞ。A せ給へ。助け参らせん。」と申せば、「なんじはたそ。」と問ひ給ふ。「物その者で候はねども（たいした者ではありませんが）、武蔵国《むさしのくに》の住人、熊谷次郎直実《なほざね》。」と B 申す。「さてはなんぢにあうては名乗るまじいぞ。なんぢがためにはよい敵ぞ。C ずとも頸を取つて人に問へ。見知らうずるぞ。」とぞ⑤のたまひける。熊谷、「あつぱれ、大将軍や。この人一人討《う》ちたてまつたりとも、負くべきいくさに勝つべきやうもなし。また、討ち⑥たてまつらずとも、勝つべきいくさに負くることもよもあらじ。小次郎が薄手負うたるをだに、直実は D こそ思ふに、この殿《との》の父、討たれぬと聞いて、いくばかりか嘆《なげ》き給はんずらん。あはれ助けたてまつらばや。」と思ひて、後ろをきつと見ければ、土肥《とひ》、梶原《かぢはら》五十騎《き》ばかりでつづいたり。

（「平家物語」）

(1) A〜C に、「名乗る」を適切に活用させて答えなさい。

(2) ——線部①の結びの語を答えなさい。

(3) ——線部②・③を現代仮名遣いに直し、すべてひらがなで答えなさい。

(4) ——線部④の品詞を答えなさい。

(5) ——線部⑤・⑥の敬語の種類を答えなさい。

(6) D に、形容詞「心苦し」を適切に活用させて答えなさい。

(1) A	B	C
(2)		
(3) ②	③	
(4)		
(5) ⑤ 語	⑥ 語	
(6)		

解答編

中学 標準問題集 国文法

第1章 文法の基礎《きそ》

1 文・文節・単語

Step 1 解答 2〜3ページ

1 三

2 (1)ウ (2)エ

3 (1)森の｜中は｜ひっそりと｜静まりかえって｜いた。
(2)そこには｜まっ白くて｜大きな｜お城が｜あった。
(3)その｜城の｜王様は｜とても｜情け深い｜王様なので｜ある。
(4)そして、｜かわいらしい｜お姫様を｜とても｜愛して｜いるようだ。
(5)春の｜日差しが｜降りそそぎ、｜お城の｜庭で｜遊ぶ｜お姫様は｜とても｜幸せそうに｜みえた。

4 ウ

5 (1)丘｜の｜上｜に｜赤い｜屋根｜の｜家｜が｜あっ｜た。
(2)花壇｜に｜は｜赤い｜チューリップ｜の｜花｜が｜咲い｜て｜い｜た。
(3)アゲハチョウ｜が｜ひらひら｜飛ん｜で｜き｜て、｜花｜に｜とまっ｜た。
(4)近所｜の｜あちらこちら｜に｜色とりどり｜の｜花｜が｜咲き、｜春｜の｜訪れ｜を｜感じる。
(5)庭｜の｜西側｜に｜は｜大きな｜犬小屋｜が｜あり、｜一ぴき｜の｜犬｜が｜鎖｜に｜つなが｜れ｜ながら、｜のどかに｜昼寝｜を｜し｜て｜いる｜ようだっ｜た。

解説

1 「昨日、〜をした」、「美しい〜調べた」、「すると〜わかった」の三文で構成されている。

2 文節とは、「ネ」「サ」「ヨ」をつけて、不自然でない単位をいう。(1)「まし」は丁寧《ていねい》の助動詞「ます」の連用形、「た」は過去の助動詞の終止形であり、いずれも付属語なので、自立語の動詞「行き」について、一文節になる。(2)「静かだ」は形容動詞の終止形なので、一文節である。

ここに注意
一文節には、自立語が必ず一語ある。文節は、基本的に「自立語＋付属語」の形で考える。

3 (1)「静まりかえっ」は五段活用動詞の連用形で自立語。「て」は接続助詞で付属語。「い」は**補助動詞**「いる」の連用形である。「た」は過去の助動詞で付属語。(2)「あっ」は五段動詞「ある」の連用形で、「た」は過去の助動詞。(3)「王様」は名詞、「な」は断定の助動詞「だ」の連体形、「の」は格助詞、「で」は断定の助動詞「だ」の連用形。「ある」は**補助動詞**。(4)「ようだ」は推定の助動詞。(5)「幸せ」は名詞、「そうに」は様態の助動詞「そうだ」の連用形。「みえ」は下一段活用動詞「みえる」の連用形。

4 **単語**は、言葉としての意味をもつ最小単位である。「冷たい」は形容詞で一語。

5 (1)「赤い」は形容詞。(2)「咲い」は動詞で、「て」は助詞。(3)「ひらひら」は副詞。「飛ん」は「飛び」の撥《はつ》音便形。(4)「あちらこちら」と「色とりどり」は連語で名詞。「感じる」は、ザ行上一段活用動詞。(5)「大きな」は連体詞。「のどかに」は形容動詞。

ここに注意
「ひらひら」などの擬態語《ぎたい》は副詞である。また、「ワンワン」などの擬音語も副詞である。

Step 2 解答 4〜5ページ

1 しかし、こ

2 (1)2 (2)3 (3)6 (4)4

3 (1)6 (2)10 (3)10 (4)14

4 (1)10 (2)16 (3)16 (4)18 (5)26

5 ❶坂があります ❷坂です ❸こたえてきます ❹きたのだろうか ❺ちがいない ❻あった

ひっぱると、はずして使えます。

解説

1 文中には、「だが」と「しかし」の二つの逆接の接続詞がある。そのうち、接続詞より前の内容とは反対のことが書かれており、より大きく**話題が転換《てんかん》されている**のは、「しかし」のほうである。

2 基本的に、各文の**文末は終止形**になっている。
(1)「た」は、過去の助動詞の終止形。「でしょう」は、丁寧《ていねい》な断定の助動詞「です」の未然形「でしょ」と推量の助動詞「う」の終止形。

ここに注意
(2)二・三行目の「花が大きく、房も長かった」は「小さい池の花」の説明であり、次にくる「棚」の説明ではないことに注意する。

3 (1)朝｜六時に｜起きるのが｜私の｜日課で｜ある。(2)晴れた｜日は、｜青空の｜下で、｜コイが｜泳ぐ｜堀の｜周りを｜走って｜いる。(3)隣の｜中学生は、｜私より｜もっと｜早く｜起きて、｜毎朝｜お堀を｜二周して｜いるそうだ。(4)彼は｜若いだけ｜あって、｜とても｜元気そうに｜見え、｜体力にも｜かなり｜自信が｜あるらしいが、｜私も｜負けないで、｜マラソンを｜続けたい。

ここに注意
(1)「である」(2)・(3)「ている」の「ある」「いる」は補助動詞だが、(4)「自信があるらしい」の「ある」は動詞。

4 (1)図書館｜は｜静かな｜ので、｜読書｜に｜適し｜て｜いる｜ようだ。(2)私｜は、｜去年｜静岡｜で｜食べ｜た｜うなぎ｜の｜味｜が、｜いま｜でも｜忘れ｜られ｜ない。(3)草むら｜で｜鳴い｜て｜いる｜虫｜の｜声｜を｜聞き｜ながら、｜暗い｜夜道｜を｜歩い｜た。(4)伝説｜に｜よる｜と、｜この｜村｜の｜川｜に｜は、｜昔｜カッパ｜が｜住ん｜で｜い｜た｜らしい。(5)私｜が｜絵｜の｜勉強｜を｜始め｜て｜から｜今年｜で｜十三年｜に｜なる｜が、｜これ｜から｜も｜もっと｜うまく｜なり｜たい｜と｜思っ｜て｜いる。

ここに注意
(1)「静かな」は形容動詞の連体形なので一語である。「静か」と「な」に分けることはできない。(2)文末の「ない」は、打ち消し（否定）の助動詞。(3)「歩い」は五段活用動詞「歩く」の連用形「歩き」のイ音便形。(4)「住ん」は「住み」の撥《はつ》音便形。「い｜た｜らしい」の「い」は動詞の「いる」の連用形。(5)「うまく｜なり｜たい」の「うまく」は形容詞、「なり」は動詞、「たい」は助動詞である。

5 敬体には「です」「ます」「ございます」などの丁寧な表現がある。常体には「だ」「である」などの表現がある。一つの文章中では、どちらかに統一して用いなくてはならない。

2 文節と文節の関係

Step 1 解答 6〜7ページ

1 (1)ねむっていた (2)山です (3)誕生日だ

2 (1)花が (2)歩いていった (3)雨は (4)呼ぶ

3 (1)そのうえ (2)しかし (3)すると (4)走り続けたので

4 イ・ウ

5 (1)ねえ (2)いいえ (3)ああ (4)たんぽぽ (5)太郎君

6 (1)B (2)A (3)C

解説

1 ここでの主述の関係は、「クマは どうした。」「あれが 何だ。」「三月三日は 何だ。」となっている。述語は、文末にあることが多い。

2 **修飾語**には、体言を修飾する**連体修飾語**と用言を修飾する**連用修飾語**がある。(1)連体修飾語。(2)連用修飾語。(3)連体修飾語。(4)連用修飾語。

ここに注意
(4)「しきりに」が修飾するのは「する」ではない。「しきりに……呼ぶ」が「声が」の連体修飾部になっている。

3 **接続語としての文節**には、条件、原因、理由、並立などの関係を表すものがある。(1)添加《てんか》の接続詞。(2)逆接の接続詞。(3)順接の接続詞。(4)確定の順接の接続助詞「ので」によって、前後の文節が結ばれている。

4 イ「いる」、ウ「みる」は、それぞれ動詞本来の意味が薄《うす》れて、**補助的な意味**になっている。補助の文節は、イ「遊んでいる」、ウ「行ってみる」

のように前の文節は「―て（で）」の形をとり、あとの文節は本来の意味が薄れているので、漢字で表記しないのが基本である。

6 「雨が降る。」のように主語と述語が一つだけの文は**単文**、「私は、雨が降っていたら、行かない。」のように主語と述語が二つ以上の対等ではない関係で成立する文は**複文**、「雨が降り、雷《かみなり》が鳴る。」のように、主語・述語が二つ以上あり、対等の関係になっているものは**重文**である。

Step 2 解答　8～9ページ

1 (1)イ　(2)オ　(3)エ　(4)ア

2 (1)（美しい）少女が　(2)（少女の）母親は　(3)少女は　(4)（少女の）祖父も祖母も

3 (1)風が・A　(2)来た・B　(3)通り過ぎる・B　(4)座っている・B　(5)趣味は・A　(6)消えていた・B　(7)日の・A

4 (1)が　(2)それじゃあ　(3)見ると　(4)および

5 (1)ウ・エ　(2)イ・ウ　(3)イ・ウ　(4)イ・ウ・オ

6 (1)○　(2)○　(3)×　(4)○　(5)×　(6)×　(7)○　(8)○　(9)×　(10)○

7 単文ウ　複文イ・エ　重文ア

解説

1 (1)「やっと」はどのように「見えた」のかを説明しているので、修飾・被修飾の関係。(2)「みた」は本来の意味が薄れているので**補助の関係**。(3)「父」と「母」を入れ換《か》えても文意が変わらないので、並立の関係。(4)「三人は」は、「押しながら」と「登った」の主語になっている。

2 「何（誰《だれ》）が（は）」にあたる文節を探す。

3 (1)「冷たい」は**形容詞**の連体形なので、名詞（体言）「風」を修飾。(2)「やっと」は**副詞**で動詞（用言）「来」を修飾。(3)「にぎやかに」は**形容動詞**の連用形で、動詞「通り過ぎる」を修飾。「通り過ぎる」は**複合語**なので、一語。(4)動詞「座っ」を含《ふく》む連文節「座っている」を修飾。「いる」は**補助動詞**。(5)名詞「趣味」を修飾。(6)**副詞**「もはや」は動詞「消え」を修飾。「い」は**補助動詞**。(7)「ある」は**連体詞**で、名詞（体言）「日」を修飾。

ここに注意
(3)意味や働きの上で互《たが》いに強く結びついて、ひとまとまりになっている二つ以上の文節を**連文節**という。**主部・述部・修飾部・接続部・独立部**がある。

4 (1)「が」は、**逆接の接続詞**。(2)「それじゃあ」は、「それでは」の口語体で、**転換《てんかん》の接続詞**。(3)「見ると」の「と」は、確定の**順接の接続助詞**。「すぐに」は副詞であって、接続詞ではない。(4)「および」は、**並立の接続詞**。

5 (1)「いすと」「机が」は**列挙**。(2)「黙って」と「静かに」は**対等**。(3)「広島か」「山口に」は**選択**。(4)「鉛筆」「ノート」「辞書」は**列挙**。「英語の」は「辞書」の連体修飾語。

6 「存在する」という意味をもつ「いる・ある」は、**動詞**。本来の意味が薄れて前の語に補助的な意味をそえる「いる・ある」は、「―て（で）いる・―て（で）ある」の形で、**補助動詞**になる。(7)「―てない」の形なので「ない」は**補助形容詞**。

7 ア〔姉は…行き、私は…行きます。〕イ〔母は…（私が…とった）…ほめてくれます。〕ウ〔吉田さんは…している。〕エ〔汽車が…抜けると、大きな湖が…あった。〕

3 単語の種類

Step 1 解答　10～11ページ

1 (1)ア・イ・エ・カ・キ・ケ　(2)ア・ウ・エ・カ　(3)ア・ウ・エ・カ　(4)ア・イ・ウ・オ・カ　(5)ア・イ・エ・キ

2 (1)マッチ・軸・頭・目・口・いつ・ま・頭でっかち・マッチ棒・からだ・青虫・自分・マッチ箱
(2)する・なっ・き・動きだし・つき・持っ・かわっ・光る・動かし・とじこめ・い・食べはじめ

3 (1)イ・エ・オ・カ・ク・ケ　(2)イ・エ・オ　(3)イ・オ・キ・ク　(4)ウ・オ　(5)イ・エ・カ・キ

4 助動詞イ・オ・キ・コ
助詞ア・ウ・エ・カ・ク・ケ

解説

1 (1)高い〔形容詞〕・山〔名詞〕・頂上〔名詞〕・青い〔形容詞〕・海〔名詞〕・見〔動詞〕

(2)メロス〔名詞〕・単純な〔形容動詞〕・男〔名詞〕・あっ（「あり」の促《そく》音便）〔動詞〕

(3)山田君〔名詞〕・毎日〔名詞〕・学校〔名詞〕・遅れ〔動詞〕

(4)いいえ〔感動詞〕・その〔連体詞〕・こと〔名詞〕・まったく〔副詞〕・知り〔動詞〕

(5)この〔連体詞〕・川〔名詞〕・渡る〔動詞〕・深い〔形容詞〕

ここに注意
(4)「いいえ」「その」「こと」などの品詞に注意する。

2 (1)「マッチの軸」は「マッチ〔名詞〕｜の〔助詞〕｜軸〔名詞〕」の三語だが、「マッチ棒」「マッチ箱」は**複合名詞**なので、一語。「白い〔形容詞〕｜頭」「小さな〔連体詞〕｜青虫」「四角い〔形容詞〕｜からだ」は二語だが、「頭でっかち」は複合名詞で一語。

(2)「する」はサ行変格活用動詞。「動きだす」「とじこめる」「食べはじめる」は**複合動詞**。「とじこめられていた」の「い」は**補助動詞**。

ここに注意
(1)本来は二語であるものが、合わさって一語になった名詞のことを、複合名詞という。「形容詞・形容動詞の連体形＋名詞」や「動詞の連体形＋名詞」と区別する。

3 (1)に〔助詞〕・ない〔助動詞〕・か〔助詞〕・と〔助詞〕・まし〔助動詞〕・た〔助動詞〕

(2)に〔助詞〕・られ〔助動詞〕・た〔助動詞〕

(3)は〔助詞〕・を〔助詞〕・たがる〔助動詞〕・そうだ〔助動詞〕

(4)は〔助詞〕・まい〔助動詞〕

(5)に〔助詞〕・まで〔助詞〕・せれ〔助動詞〕・ば〔助詞〕

4 の〔格助詞〕・た〔過去の助動詞〕・に〔格助詞〕・で〔接続助詞〕・そうだ〔様態の助動詞〕・まで〔副助詞〕・ようだ〔比喩《ひゆ》の助動詞〕・から〔格助詞〕・さえ〔副助詞〕・う〔推量の助動詞〕

ここに注意
「沈んで」のエ「で」は、「沈み」が「沈ん」と撥《はつ》音便化したために、接続助詞の「て」が「で」と濁音化《だくおん》したもの。

Step 2 解答 12〜13ページ

1 A品詞　B付属語　C用言　D動詞　E形容動詞　F名詞　G副詞　H助動詞　I助詞

2 (1)イ・オ・カ　(2)ケ・サ

3 ア・ウ・オ・カ・キ・ケ

4 動詞オ・ス　形容詞ア・イ・ク・チ　形容動詞キ・ケ・シ

5 ア・オ・キ・ク・サ・シ・ソ

6 ❶カ　❷エ　❸オ　❹ア　❺ク　❻キ　❼コ　❽イ　❾ケ

解説

2 (1)アは名詞、イは動詞、ウは助詞、エは副詞、オは形容詞、カは助動詞。(2)キは接続詞、クは連体詞、ケは形容動詞、コは副詞、サは動詞。

ここに注意
(2)ク「大きな」は、名詞「瞳」を修飾する連体詞で、活用がない。一方「大きい」は、形容詞で活用がある。

3 見〔動詞〕・ぜひ〔副詞〕・思っ〔動詞〕・思いかた〔名詞〕・抜きがたい〔形容詞〕・若い〔形容詞〕・しみこん〔動詞〕・いま〔名詞〕・ふれ〔動詞〕

ここに注意
オ「抜きがたい」は、動詞「抜く」と形容詞「難《かた》い」が合体してできた、複合形容詞である。

4 ウ連体詞、エ助詞、カ副詞、コ副詞、サ連体詞、セ助動詞、ソ副詞、タ連体詞

ここに注意
ウ「その」は連体詞で、「風」を修飾《しゅうしょく》している。「それ」は、代名詞。オ「漂っ」は、「漂い」の促《そく》音便である。〈漂いて→漂って〉

5 イ形容詞、ウ形容詞、エ形容動詞、カ接続詞、ケ感動詞、コ動詞、ス連体詞、セ副詞

6 副詞「とうとう」は動詞「泣か」を、連体詞「その」は名詞「電灯」を修飾している。「おい」「やあ」「ねえ」「さあ」など、相手に呼びかける言葉は、感動詞である。

Step 3 解答 14～15ページ

1 文節十　単語二十一

2 (1) 一体、／人間の／頭の／良さの／特徴とは／何か。
(2) (これ)｜は｜(めったに)｜(姿)｜を｜(見せ)｜なかっ｜た
(3) ア
(4) 副詞｜形容詞｜助詞｜助詞｜動詞
実は｜正しい｜と｜は｜言え
助動詞｜助動詞
ませ｜ん
(5) 水は

3 (1) エ　(2) エ　(3) 入れる
(4) おろす　(5) つかまえて

4 A 動詞　B 連体　C 述語

解説

1 「学問を｜始めた｜ころは｜歴史に｜興味を｜もって｜いたが、｜現在は｜文学に｜傾いた。」の十文節と、「学問｜を｜始め｜た｜ころ｜は｜歴史｜に｜興味｜を｜もっ｜て｜い｜た｜が、｜現在｜は｜文学｜に｜傾い｜た。」の二十一単語である。

2 (1)文節は、基本的に〈自立語＋付属語〉で構成されている。(2)「見せなかった」は、〈動詞「見せ」＋打ち消し（否定）の助動詞「なかっ」＋過去の助動詞「た」〉の三単語で構成されている。(3)この文節の組み立ては、「見つけ〔動詞〕・られ〔助動詞〕・ず〔助動詞〕」となる。(4)「ん」は、打ち消し（否定）の助動詞「ぬ」が撥音便化したもの。(5)設問に「一文節で」とあるので、「この溝の水は」は不適切。――線部「待っているらしい」は「待って／いるらしい」で二文節となる。「水は」の述語・述部は「引いたものらしく」、「澄んでいて」、「流れて」、「鳴っては」、「待っているらしい」である。また、「小鳥が」の述語・述部は「来て」、「翼をひたし」、「喉を潤おす」であることに注意。

ここに注意
(2)「めったに」は、副詞。(3)「見つけ」は複合動詞《見る＋つける》。

3 (1)この文では、「二人で」「田舎へ」「泊まりに」が、「行った」の修飾語。(2)陳述《ちんじゅつ》の副詞の打ち消しの言い方である。(3)「時々」には名詞と副詞があるが、この問題では副詞である。(4)「かならず」は副詞である。副詞は主に用言を修飾することを踏《ふ》まえ、直接つないで文意が通じるものを探す。(5)「さっと」は副詞。主に用言を修飾する。

4 「姿」は名詞であり、名詞を修飾する文節は**連体修飾語**である。「立ちつくす」は、動詞「立つ」と動詞「つくす」が一つになった複合動詞。

第2章 自立語

4 動詞

Step 1 解答 16～17ページ

1 (1) イ　(2) ウ　(3) ア　(4) イ　(5) ウ
(6) エ　(7) イ　(8) ウ　(9) ウ　(10) ア
(11) イ　(12) ア　(13) オ　(14) ウ　(15) イ
(16) オ　(17) イ　(18) ア　(19) ウ　(20) ア

2 ❶降る　❷行く　❸読む　❹来る
❺する　❻できる　❼集める
❽集まる　❾勉強する　❿する

3 (1) A　(2) B　(3) B　(4) A　(5) B

4 (1) 貸せる　(2) 待てる　(3) 住める
(4) 買える　(5) 化かせる

5 イ・エ・オ

6 (1) 促・勝ちて　(2) 撥・学びて
(3) イ・泳ぎて　(4) 促・買いて
(5) 撥・読みて

解説

1 カ変（「来る」一語のみ）とサ変（「する」「～する」のみ）以外の動詞の活用の種類は、「ない」をつけて判別することができる。
・五段活用〈―aない〉
・上一段活用〈―iない〉
・下一段活用〈―eない〉
サ変の動詞「する」は、(16)「リードする」《名詞「リード」＋動詞「する」》のように、ほかの語と合わさって、**複合動詞**を作る。(5)「行ける」(9)「買える」は、**可能動詞**である。

2 動詞は「ウ段」で言い切る。

ここに注意
(1)「行って」は「行きて」の促音便。動詞の場合、連用形が音便になることに注意しよう。

3 対象を表す「〜を」という言葉を必要とするものが他動詞である。

4 可能動詞は、すべて五段活用の動詞がもとになってできた下一段活用の動詞である。

Step 2 解答 18〜19ページ

1 A 自立　B ウ　C 語幹　D 五段
E 来る　F する　G 未然　H 他動詞
I 可能　J 補助（形式）

2 (1) 座る　(2) 見せる　(3) 着る　(4) 来る
(5) する

3 (1) 下一段　(2) サ行変格　(3) 五段
(4) カ行変格　(5) 上一段

4 ❶ 上一段・連用　❷ 下一段・連用
❸ 五段・終止　❹ サ行変格・連用
❺ 五段・連用　❻ 五段・連用
❼ 上一段・連用　❽ 五段・連用
❾ 五段・連体　❿ 上一段・未然
⓫ 上一段・連用　⓬ カ行変格・連用
⓭ 上一段・連用　⓮ 五段・連用
⓯ 下一段・未然

5 (1) 育てる　(2) あげる　(3) 当てる
(4) 落とす　(5) 助ける　(6) 残す
(7) 変える　(8) 流す　(9) 始める
(10) 増やす

6 (1) ○　(2) ×　(3) ×　(4) ○　(5) ○
(6) ○　(7) ×　(8) ○　(9) ×　(10) ○

解説

2 (1)「座った」の「座っ」は、「座る」の連用形の促《そく》音便。(2)他動詞「見せる」は下一段活用、自動詞「見る」は上一段活用。(3)「着」は、上一段活用の未然形。(4)「来」は、カ行変格活用（カ変）の未然形。(5)「しろ」は、サ行変格活用（サ変）の命令形。

ここに注意
(1)「座っ」のような促音便（イ音便や撥《はつ》音便も）は、すべて連用形である。(3)「お気に入り」は名詞であり、動詞ではない。

4 ③五段活用の動詞「ある」の活用は次のとおり。

語幹	未然	連用	終止	連体	仮定	命令
あ	ら ろ	り っ	る	る	れ	れ

未然形には、「ず・ぬ・う」などが続く。⑤「頼ん」は撥音便、⑧「待っ」⑭「うかがっ」は促音便である。

ここに注意
⑪「見」は「見る」の連用形だが、⑮「見え」は「見える」の未然形である。
見　る（み・み・みる・みる・みれ・みよ（みろ））
見える（え・え・える・える・えれ・えよ（えろ））

5 自動詞は「…が〜する」となるが、他動詞は「…を〜する」となる。《子どもが育つ↔子どもを育てる》

6 (2)「借りれる」は「借り」（上一段・未然形）＋「られる」（可能の助動詞）＝「借りられる」の「ら抜き言葉」で、可能動詞ではない。(3)・(7)・(9)も同様である。

5 形容詞・形容動詞

Step 1 解答 20〜21ページ

1 (1) 近い　(2) 暑い　(3) 大きい
(4) おもしろい　(5) 寒い

2 (1) 仮定形　(2) 未然形　(3) 連用形
(4) 連体形　(5) 終止形

3 (1) 静かだ　(2) 妙だ　(3) わずかだ
(4) 穏やかだ　(5) なだらかだ

4 (1) 連体形　(2) 連用形　(3) 連用形
(4) 仮定形　(5) 連用形

5 形容詞オ・キ・サ・チ・ツ・ト
形容動詞イ・コ・シ・ソ

6 (1) エ　(2) ウ　(3) ウ　(4) ウ　(5) ア
(6) イ

解説

1 形容詞の終止形は「―い」である。(1)は連用形。(2)は連体形。(3)は連用形。(4)は仮定形。(5)は未然形。

2 (3)「ありがとう」は、形容詞「ありがたい」の連用形「ありがたく」のウ音便形である。形容詞の連用形が「ございます」や「存じます」に接続するときは、ウ音便化する。《広く|ございます→広う|ございます》

ここに注意

「ございます」は動詞「ござる」に丁寧《ていねい》の助動詞「ます」がついたものである。
《ございます→ございます（イ音便）》
「ござい」は形容詞ではない。

3 形容動詞の終止形は、「―だ」「―です」である。(1)は連用形。(2)は連体形。(3)は未然形。(4)は仮定形。(5)は連体形。

4 (5)形容動詞の連用形と副詞との区別に注意しよう。「急に」は「急な」などと活用するので形容動詞。「すでに」などの副詞と区別する。

5 ア動詞・ウ副詞・エ動詞・カ名詞・ク名詞・ケ動詞・ス動詞・セ名詞＋助動詞・タ副詞・テ連体詞

6 「ない」は、次のように区別できる。

①a**形容詞**の「ない」・b「～ない」という形の**形容詞の一部**…一文節であり、「ない」や「～ない」で、単独で述語になることができる。

〔a花がない・戦争のない・何もない〕
〔bはかない・せつない・少ない・おさない〕

②**補助形容詞**の「ない」…一文節だが、直前の文節と結びついて連文節になる。

〔私は（主語）楽しくない（述語）〕

③**打ち消し（否定）の助動詞**の「ない」…打ち消し（否定）の助動詞「ぬ」に置き換《か》えることができる。

〔見えない（見えぬ）・知らない（知らぬ）・言わない（言わぬ）〕

Step 2 解答 22～23ページ

1 A活用 B用言 C形容詞 Dい Eだ F命令 G連体 H仮定 Iウ J助動 K連体

2 (1)連体形 (2)仮定形 (3)未然形 (4)連用形 (5)連用形

3 (1)暑く (2)おめでたく (3)恐ろしく (4)暖かく

4 (1)連用形 (2)連体形 (3)仮定形 (4)未然形 (5)連用形

5 ❶A・イ ❷B・イ ❸A・エ ❹B・エ ❺B・イ ❻A・イ ❼A・オ ❽B・ウ ❾A・イ ❿A・ア

6 ❶× ❷× ❸× ❹○ ❺× ❻○ ❼× ❽× ❾○ ❿○

7 (1)ア (2)イ (3)ア (4)ア (5)ア

解説

2 **接続している語**によって活用形を判別する。(1)名詞「山」に接続。(2)接続助詞「ば」に接続。(3)推量の助動詞「う」に接続。(4)過去の助動詞「た」に接続。(5)動詞「ござい」に接続。

ここに注意

(5)「うれしゅう」は、形容詞「うれしい」の連用形「うれしく」のウ音便形である。

3 形容詞の場合、「ウ音便」になるのは**連用形**であり、形容詞の音便は「**ウ音便**」だけである。

4 (1)・(5)形容動詞の連用形の活用語尾には「だっ・で・に」の三つがある。(3)「素敵なら」の下には接続助詞「ば」が省略されている。

5 活用形は**活用語尾**で区別する。形容詞は「かろ・かっ・く・う・い・い・けれ・○《まる》」、形容動詞は「だろ・だっ・で・に・だ・な・なら・○」と覚える。

7 形容動詞と副詞、連体詞、断定の助動詞との識別方法は、次のとおり。

①形容動詞の連用形と副詞の区別

・「―に」を「―な」に言い換《か》えることができれば形容動詞である。

〔やわらかに→○やわらかな（形容動詞）
大いに→×大いな（副詞）〕

②形容動詞と連体詞の区別

・「―な」を「―だ」に言い換えることができれば形容動詞である。

〔やわらかな→○やわらかだ（形容動詞）
大きな→×大きだ（連体詞）〕

③形容動詞と助動詞の区別

・下に「もの」「こと」をつけてみて、「～なもの」「～なこと」になれば形容動詞、ならなければ〈**名詞＋断定の助動詞**〉である。

〔穏《おだ》やかだ→○穏やかなもの（形容動詞）
時計だ→×時計なこと
（名詞「時計」＋断定の助動詞「だ」）〕

(1)**イ** 「大きな」は連体詞。(2)**ア** 「斜めに」は名詞＋格助詞。(3)**イ** 「学校で」は名詞＋断定の助動詞。(4)**イ** 「帽子だ」は名詞＋断定の助動詞。(5)**イ** 「知らな」は動詞「知ら」＋打ち消し（否定）の助動詞「ない」の一部。

ここに注意
(5)形容動詞「同じだ」は、体言につく場合でも連体形はない。〈同じもの〉ただし、助詞「の・ので・のに」につく場合のみ、連体形がある。〈同じなので〉

6 名詞

Step 1 解答 24〜25ページ

1 ウ・エ・オ

2 (1)バス停が (2)彼は (3)浦島太郎が (4)誰も (5)あなたこそ

3 (1)話し手・聞き手 (2)遊園地・あちらこちら (3)ここ・ラムサール条約・湿地帯 (4)暖かさ・ため・眠気 (5)心・どこ

4 ❶イ ❷ウ ❸オ ❹イ ❺イ ❻イ ❼ア ❽ア ❾エ ❿ア ⓫ア ⓬ア ⓭イ ⓮ア ⓯エ ⓰ア ⓱オ ⓲イ ⓳ウ ⓴ア

解説

1 体言（名詞）は、助詞の「は・が・も・こそ」などを伴《ともな》って主語になる。
ア主語「私は」―述語「好きだ」。イ主語は省略《しょうりゃく》されている。「本を」は、「借りたい」の修飾語。オは倒置法《とうち》に注意。

2 各文の主述の関係は次のようになる。(1)主語「バス停が」―述語「あるはずだ」。(2)主語「彼は」―述語「しない」。(3)主語「浦島太郎が」―述語「住んでいた」。(4)主語「誰《だれ》も」―述語「信じなかった」。(5)主語「あなたこそ」―述語「人だ」。

ここに注意
主語を一文節で抜き出すことに注意。(5)の主語は「こそ」も含《ふく》む。

3 (1)「話し手」「聞き手」は**複合名詞**《動詞「話す・聞く」＋名詞「手」》。(2)「遊園地」は**普通《ふつう》名詞**。「あちらこちら」は連語で一つの**指示代名詞**。(3)「ここ」は場所を示す指示代名詞。「ラムサール条約」は**固有名詞**。「湿地帯」は普通名詞。(4)「この」は連体詞。「暖かさ」は形容詞「暖かい」からの**転成名詞**。「ため」は**形式名詞**。「眠気」は動詞「眠い」からの転成名詞。「さ」や「け」は名詞を作る接尾語《せつび》。(5)「心」は普通名詞。「どこ」は場所を示す指示代名詞。

4 年号・地名・人物名などは、固有名詞である。形式名詞には注意しよう。

ここに注意
指示代名詞の「これ・それ・あれ・どれ」と連体詞の「この・その・あの・どの」や副詞「こう・そう・ああ・どう」とは、確実に判別できるようになっておこう。

Step 2 解答 26〜27ページ

1 A体言 B名詞 C固有名詞 D形式名詞 E代名詞 F転成名詞 G複合名詞 H接頭語 I人称代名詞 J指示代名詞

2 (1)A (2)A (3)B (4)D (5)C (6)B (7)C (8)A (9)D (10)A

3 (1)イ (2)ウ (3)オ (4)ア (5)ウ (6)イ (7)オ (8)ア (9)イ (10)ウ

4 (1)エ (2)エ (3)オ (4)エ (5)ウ

5 (1)あそこ (2)誰 (3)どっち (4)それ (5)あなた

6 ❶C ❷B ❸A ❹A ❺B ❻C ❼B ❽A ❾F ❿A ⓫A ⓬G ⓭C ⓮A ⓯D ⓰A ⓱E ⓲F ⓳E ⓴D

解説

1 **2** 名詞の性質、種類などの理解を深めておこう。(2)「みかん畑」は複合名詞、(10)「流れ」は動詞「流れる」からの転成名詞。

3 体言は、「は・も・が・こそ」などを伴って、主語になることができる。また、(1)「だ」、(6)・(9)「です」などの助動詞を伴って述語になったり、(2)・(5)「の」、(10)「を」などの助詞を伴って、修飾語にもなる。

ここに注意
(2)・(5)は連体修飾語、(10)は連用修飾語である。

また、名詞は⑺のような独立の文節も作る。

4 ⑴エ「小説家」は普通名詞、ほかは固有名詞。⑵エ「三等賞」は数詞、ほかは普通名詞。⑶オ「もの」は単独で形式名詞として用いる場合もあるが、「人気もの」の「もの」は普通名詞の一部。ほかは形式名詞。⑷エ「四日市」は固有名詞、ほかは数詞。⑸ウ「京都」は固有名詞、ほかは普通名詞。

5 ⑴・⑶・⑷は指示代名詞。⑵・⑸は人称代名詞。

ここに注意
⑵「誰でも」の「でも」は副助詞。⑷「そう」は感動詞。⑸「こと」は形式名詞。

6 ④・⑧・⑯は、それぞれ動詞「流れる」「祈る」「通る」からの転成名詞。

7 副詞・連体詞

Step1 解答 28～29ページ

1 ⑴ぐっすり ⑵やっと ⑶ワンワン ⑷はるばる ⑸どうか ⑹まるで ⑺ずっと ⑻よちよち ⑼ぜひ ⑽ふと

2 ⑴あの ⑵小さな ⑶とんだ ⑷いろんな ⑸ある ⑹おかしな ⑺去る ⑻ほんの ⑼どの ⑽たいした

3 ⑴転がります ⑵のぞいた ⑶限らない ⑷負けない ⑸出発する

4 ⑴角を ⑵建物が ⑶道草と ⑷お菓子が ⑸作戦は

5 ウ

解説

1 副詞は、基本的には**用言**を修飾する。⑴動詞「眠っ」を修飾。⑵動詞「来」を修飾。⑶動詞「ほえ」を修飾。⑷動詞「やってき」を修飾。⑸動詞「聞い」を修飾。⑹「イルカのように」を伴って動詞「泳げる」を修飾。⑺形容詞「重い」を修飾。⑻動詞「歩い」を修飾。⑼動詞「やりとげ」を修飾。⑽動詞「思いつい」を修飾。また、⑴～⑷・⑻・⑽は、**状態**の副詞。⑺は、**程度**の副詞。⑸・⑹・⑼は、**陳述**《ちんじゅつ》の副詞《どうか～ほしい・まるで～ように・ぜひ～たい》。

2 連体詞は、**体言**を修飾する。⑴「人物」を修飾。⑵「思い出」を修飾。⑶「失敗」を修飾。⑷「人」を修飾。⑸「感情」を修飾。⑹「出来事」を修飾。⑺「六月二十三日」〈数詞〉を修飾。⑻「三日前」〈数詞〉を修飾。⑼「乗り物」を修飾。⑽「失敗」を修飾。

ここに注意
⑴「まじめな」は形容動詞の連体形。⑵「小さな（モノ）」は連体詞。「小さい（モノ）」は形容詞の連体形。

3 「文節」を抜き出すことに注意する。⑶「必ずしも（～ない）」と⑷「決して（～ない）」は、呼応の副詞である。

4 **連体詞**は体言を修飾する**連体修飾語**である。普通は直後の体言を修飾するが、⑵「あの…建物」・⑷「いろんな…お菓子」のように、連体詞と体言の間に、ほかの修飾語が入る場合がある。

5 **副詞**と**形容詞**や**形容動詞の連用形**との識別に注意しよう。**ウ**は活用がある自立語なので形容動詞。ほかは活用がない自立語で用言を修飾しているので、副詞。

Step2 解答 30～31ページ

1 ⑴ウ ⑵エ ⑶A エ B キ C ア D カ ⑷イ ⑸ない

2 ⑴イ ⑵イ ⑶❶イ ❷ア ❸イ ❹ア ❺ア

3 いかなる・あらゆる

解説

1 ⑴**ア・イ・エ**は副詞。**ウ**は連体詞。⑵**ア・イ・ウ・オ**は副詞。**エ**は形容詞。⑶A 一行前の一文から冬になったことがわかるので、**ア**ではなく**エ**が入る。Cは「来ない」と呼応する**ア**が入る。⑷「たまたま」は副詞なので、かかる語句は主に用言である。**イ**と**エ**が考えられるが、「たまたま」が「見られなかった」にかかるとすると、「私はたまたまサフランを見られなかった」といった意味になってしまい、文意が通じない。よって**イ**が適切。⑸「決して」は**陳述の副詞**なので、打ち消しの意味を持つ「ない」と呼応している。

2 ⑴「この」は名詞「お地蔵様」を修飾している

ので連体詞。**ア**・**エ**は用言を修飾しているので副詞。**イ**は名詞「深さ」を修飾しているので連体詞。**ウ**は名詞。⑵「大きな」と**イ**は名詞を修飾しているので連体詞。**ア**は「危険だ」などと活用するので形容動詞「危険だ」の連体形。**ウ**は「長かろ(う)」などと活用するので形容詞「長い」の連体形。**エ**は下一段活用の動詞「縮める」の連体形。⑶①**ア**は五段活用の動詞「ある」の連体形。②**イ**は形容詞「小さい」の連体形。③**ア**は名詞「これら」＋格助詞「の」。④**イ**は力変動詞「来る」の連体形。⑤**イ**は形容詞「とんでもない」の連体形。

3 「いかなる」は名詞「とき」、「あらゆる」は名詞「手段」を修飾する連体詞で、活用がない。体言にかかる「生きる」と「守る」は動詞の連体形。

8 接続詞・感動詞

Step 1 解答 32〜33ページ

1 ⑴イ ⑵イ ⑶イ ⑷ア ⑸ア
2 ⑴イ ⑵イ ⑶ア ⑷ア ⑸イ
3 ⑴カ ⑵オ ⑶イ ⑷ウ ⑸ア
4 ⑴ウ ⑵イ ⑶ア ⑷オ ⑸エ
5 接続詞 すると・さらに・だから
感動詞 おおい・こんにちは・ほら

解説

1 ⑴**ア**はサ変動詞「する」の終止形＋接続助詞「と」。⑵**ア**は副助詞。⑶**ア**は「再び」という意味の副詞「また」。⑷**イ**は形容詞を修飾しているので副詞。⑸**イ**は接続助詞「が」。

ここに注意
⑶**ア**のように、副詞の中には名詞を修飾するものがある。
〔ずっと前・かなり昔・ただ一つ〕

2 ⑴**ア**は指示代名詞「あれ」。⑵**ア**は副詞。⑶**イ**は形容動詞「いやだ」の語幹「いや」。⑷**イ**は感動の終助詞「ねえ」。⑸**ア**は五段活用の動詞「やる」の命令形を二つ重ねた表現。

3 接続詞の用法には、条件と結果の関係を表すもの（**ア**順接・**イ**逆接）と、対等の関係を表すもの（**ウ**並立・累加・**エ**対比・選択・**オ**説明・補足・**カ**転換）がある。

4 感動詞には、次のようなほかの品詞から転成したものがある。
やった・しまった〔動詞「やる」・「しまう」〕
あれ・それ〔代名詞「あれ」・「それ」〕
ありがとう〔形容詞「ありがたい」の連用形「ありがたく」のウ音便〕
さようなら〔古語「さようなり」の未然形〕

5 「すると」は順接、「さらに」は累加、「だから」は順接の接続詞。「おおい」は呼びかけ、「こんにちは」はあいさつ、「ほら」は呼びかけの感動詞。

Step 2 解答 34〜35ページ

1 ウ・オ
2 ア
3 ⑴エ・ク ⑵オ・ケ ⑶ア・コ ⑷ウ・キ ⑸イ・カ
4 イ
5 Aオ Bエ Cア Dカ Eイ
6 Aオ Bイ Cカ Dア Eク
7 やあ・こんにちは・ほら

解説

1 **ア**は応答の感動詞。**イ**は副詞。**ウ**は逆接の接続詞。**エ**は連体詞。**オ**は逆接の接続詞。

2 陳述《ちんじゅつ》（呼応）の副詞を選ぶ。

3 ⑴「天気がいい」と「風もない」とが並立の関係なので、並立・累加の接続詞が入る。⑵話題転換の接続詞が入る。⑶「がんばった」ことと「負けた」こととが逆の関係なので、逆接の接続詞が入る。⑷「朝寝坊」が原因で「遅刻した」が結果なので、順接の接続詞が入る。⑸「名詞」が「体言」を説明しているので、説明・補足の接続詞が入る。

4 **ア**の「これ」は指示代名詞、「だ」は断定の助動詞。**イ**は**感動詞**。**ウ**は逆接の接続詞。**エ**は陳述の副詞。

ここに注意
アは、感嘆符《かんたんふ》「！」がつけられているが、感動詞ではない。**イ**の「ん？」は、驚《おどろ》きを表す感動詞「え？」と同意である。

5 Aは順接、Bは累加の接続詞が入る。Cは「バスに乗り遅れた」ことと「遅刻しなかった」ことが逆の関係なので逆接の接続詞が入る。Dは話題が変わっているので転換の接続詞が入る。Eは

「父の弟」を「叔父」と言い換《か》えているので要約の接続詞が入る。

6 Aは呼びかけ、Bはあいさつ、Cは呼びかけ、Dは応答、Eは応答の感動詞が入る。

Step 3 解答 36～37ページ

1 (1)ア・コ (2)イ・カ (3)ア・カ (4)ウ・キ (5)エ・ク
2 イ
3 エ
4 ア
5 エ
6 ア・オ
7 イ
8 エ
9 ❶(形式)名詞 ❷助動詞 ❸連体詞 ❹副詞 ❺接続詞

解説

1 (5)接続助詞「と」は終止形に接続するので、「する」は終止形と判断できる。

2 アは形容詞「荒々しい」の連用形。イは五段活用の**動詞**「笑う」の連用形の促音便《そく》。ウは形容詞「鋭い」の連体形。**エ**は形容詞「楽しい」の連用形。

3 **イ**「である」は断定の助動詞「だ」の連用形「で」に補助動詞「ある」がついたもの。「である」で一単語ではない。

4 「はるかに」は形容動詞「はるかだ」の連用形。アは形容動詞「身近だ」の連体形。**イ**～**オ**は、すべて副詞。

5 アは形容詞「若々しい」の語幹に接尾語《せつび》「さ」がついて名詞化したもの。**イ**は動詞「にぎわう」の連用形の名詞化。**ウ**は「道」と「端《はた》」との複合名詞。**エ**は形容詞「うれしい」の連体形。

6 アは打ち消しを表す「ない」が「けっして」に呼応している。**オ**は仮定を表す「なら」が「もし」に呼応している。

7 「大きな」は連体詞。**ア**は形容動詞の連体形。**イ**は連体詞。**ウ**は形容詞の連体形。**エ**は名詞。

8 アは動詞「とらわれる」の連用形が名詞化したもの。**イ**は動詞「思う」の連用形が名詞化したもの。**ウ**は動詞「輝く」の連用形が名詞化したもの。**エ**は形容詞「よい」の終止形。**オ**は動詞「喜ぶ」の連用形が名詞化したもの。

9 ②は打ち消し（否定）の助動詞。形容詞でないことに注意。③は指示語の働きをする連体詞。④は状態の副詞。⑤は順接の接続詞。

第3章 付属語

9 助動詞①

Step 1 解答 38～39ページ

1 (1)エ (2)ア (3)イ (4)ウ
2 (1)イ (2)ア (3)ウ
3 (1)カ (2)ア (3)ウ (4)イ
4 (1)だ (2)た (3)よう (4)まい (5)られる (6)させる (7)られる (8)せ
5 (1)コ (2)エ (3)オ (4)カ (5)ク (6)ア (7)ケ (8)ウ (9)イ (10)キ

解説

1 (1)「**自然とそうなる**」という意味なので**自発**。(2)「**ほかから～される**」という意味なので**受け身**。(3)「**動作主が～なされる**」という意味なので**尊敬**。(4)「**～できる**」という意味なので**可能**。

2 文法的な意味は、「う」も「よう」も同じだが、接続する語は異なる。
う……五段活用の動詞・形容詞・形容動詞・一部の助動詞の未然形に接続
よう…五段活用以外の動詞・一部の助動詞の未然形に接続

ここに注意
「う・よう」は、あることが起きかけている様子や、「たとえ～でも」という意味を表すこともある。
例 雨が降ろうとも外出する。

3 (1)「ちょうど終わったところ」という意味なので**完了**。(2)すでに終了した出来事を表しているので**過去**。(3)「～ている」に置き換えられるので**存続**。(4)あることを思い出して確認しているので**想起（確認）**。

ここに注意
「た（だ）」には、特殊《とくしゅ》な用法の「命令・勧誘」があるので注意しよう。
例・どいた、どいた。（命令）
・行ってきたら。（勧誘）

4 (1)**断定**の助動詞「だ」の終止形。(2)**過去**の助動詞「た」の連体形。(3)**勧誘**の助動詞「よう」の終止形。(4)**打ち消し（否定）**の推量の助動詞「まい」の終止形。(5)**可能**の助動詞「られる」の終止形。(6)**使役**の助動詞「させる」の終止形。(7)**受け身**の助動詞「られる」の終止形。(8)**使役**の助動詞「せる」の連用形。

ここに注意

(2)の「眺める」の「る」は、下一段活用動詞「眺める」の一部。(3)「下で」「みんなで」の「で」は、格助詞。「囲んで」の「で」は、接続助詞「て」の濁《にご》った形。(4)・(7)の文中の「で」は格助詞。断定の助動詞「だ」の連用形と区別する。

Step 2 解答 40~41ページ

1 A 受け身 B 可能 C 尊敬 D 自発
E 推量 F 意志 G 勧誘 H 過去
I 完了 J 存続 K 想起（確認）
L 断定 M 使役

2 (1)エ (2)ウ (3)エ (4)イ (5)エ

3 (1)ア (2)イ (3)イ (4)ア

4 ❶れ ❷だら ❸させ ❹だっ ❺まし

解説

2 (1)例文の「られ」は、「**可能**」。アは「尊敬」、イは「自発」、ウは「受け身」、エは「可能」。(2)例文の「れ」は、「**受け身**」。アは上一段活用の動詞「降りる」の仮定形「降りれ」の一部。イは「自発」、ウは「受け身」、エは「尊敬」。(3)例文の「だ」は、「**断定**」。アは過去の助動詞「た」の終止形が濁ったもの。イは伝聞の助動詞「そうだ」の終止形の一部。ウは形容動詞「静かだ」の終止形の一部。エは「断定」の助動詞。(4)例文の「う」は、「**意志**」。アは「推量」、イは「意志」、ウは「勧誘」、エは「推量」の助動詞「よう」の一部。(5)例文の「た」は、「**過去**」。アは「存続」、イは「想起（確認）」、ウは「完了」、エは「過去」。

ここに注意

(1)「寝られん」の「ん」は、打ち消し（否定）の助動詞「ぬ」が撥《はつ》音便化したもの。(5)のエ「読んだ」の「だ」は、過去の助動詞「た」が濁ったもの。（読みた→読んだ（撥音便））

3 (1)アは「意志」、ほかは「推量」。(2)イは動詞「まかせる」の一部。ほかは「使役」の助動詞「せる・させる」。(3)イは可能動詞「帰れる」の一部。ほかは可能の助動詞「れる」。また「帰れる」は可能動詞だが、「帰られる」は動詞「帰る」の未然形＋可能の助動詞「れる」であることに注意。

ここに注意

(4)のエ「澄んだ」の「だ」は助動詞「た」の濁ったもの。

4 ①は受け身の助動詞「れる」の連用形に直す。②は完了の助動詞「た」の仮定形を濁らせる。③は使役の助動詞「させる」の連用形に直す。④は断定の助動詞「だ」の連用形に直す。⑤は丁寧《ていねい》の助動詞「ます」の連用形に直す。

10 助動詞②

Step 1 解答 42~43ページ

1 (1)ア (2)ウ (3)イ

2 (1)降り (2)降る

3 イ・オ

4 エ・キ

5 (1)キ (2)ウ (3)オ (4)ア (5)イ

6 (1)カ (2)ア (3)ウ

解説

1 (1)「文豪」を「夏目漱石」という具体例を挙げて説明しているので、例示。(2)「犯人逮捕」という根拠によって、「事件の終結」を推定。(3)「赤ちゃんの手」を「もみじ」にたとえているので、**比喩**《ひゆ》。

ここに注意

副詞を補うことで意味の判別ができる。
比喩（まるで～ようだ）
推定（どうやら～ようだ）
例示（たとえば～ようだ）
比喩（たとえ）と例示の意味の違《ちが》いに注意する。

2 「降る」は、五段活用の動詞である。
(1)「様態」の意味なので、**連用形**に接続。
(2)「伝聞」の意味なので、**終止形**に接続。

ここに注意

伝聞の「そうだ」は、連用形「そうで」と終止形「そうだ」だけである。また、伝聞の「そうだ」には仮定形がない。

3 ア・ウは体言について形容詞を作る接尾語《せつび》で、「芸術家らしい」「春らしい」で一語。「〜にふさわしい」の意味。イ・オは「どうやら」を補うことができるので、推定の**助動詞**。エは形容詞の一部。

4 ア・ウ・カは、直前に助詞「は」を入れられる**補助形容詞**。イは、形容詞「切ない」の一部。エ・キは、打ち消し（否定）の助動詞「ぬ」に置き換《か》えられるので、**助動詞**。オは直前に助詞「は」を入れると不自然で、「存在しない」という意味を表すので、**形容詞**。

5 (1)「まるで…ようだ」は、**比喩**。(2)動作主の**希望**を表す。(3)「彼女からの連絡」という確かな根《こん》拠《きょ》による**推定**。(4)目で見て「花が散る」という様子を推測しているので、**様態**。(5)「行きます」は、「行く」の**丁寧**な表現。

6 (1)前に「とても」を入れられないので、断定の**助動詞**「だ」の終止形。(2)助動詞「ぬ」に置き換えられず、存在の有無を表すので、**形容詞**。(3)「とても親切で」と、「とても」を入れることができるので、**形容動詞**「親切だ」の連用形の**活用語尾**。

Step 2 解答 44〜45ページ

1 A 比喩　B 推定　C 例示　D 様態　E 伝聞　F 推定　G 希望　H 打ち消し（否定）　I 丁寧

2 (1) イ　(2) エ

3 (1) そうだっ　(2) らしく　(3) たけれ　(4) ましょ

4 (1) ア　(2) ア

5 ア

6 エ

7 (1) エ　(2) ウ　(3) オ　(4) ア　(5) イ

8 ❶ ク　❷ ウ　❸ イ

解説

1 ようだ〔推定・例示・比喩〕、そうだ〔様態・伝聞〕、らしい〔推定〕、たい〔希望〕、ない〔打ち消し（否定）〕、ます〔丁寧〕。

2 (1)例文の「ようだ」は、**比喩**。アは推定、イは比喩、ウは例示、エは推定。(2)例文の「そうだ」は、**伝聞**。ア〜ウは様態、エは伝聞。

3 (1)過去の助動詞「た」に接続。「そうだ」の**連用形**。(2)「らしい」の**連用形**。(3)接続助詞「ば」に接続。「たい」の**仮定形**。(4)意志の助動詞「う」に接続。「ます」の**未然形**。

4 (1)アは**形容詞**。イ・ウ・エは、動詞〔知る・いる・なる〕に接続して打ち消しの意味になるので、**助動詞**。(2)アは、「うれしく（ハ）ない」となるので、**補助形容詞**。イ・ウ・エは、打ち消し（否定）の助動詞「ぬ」と置き換えられるので、**助動詞**。

5 アは、打ち消し（否定）の助動詞「ぬ」と置き換えられるので**助動詞**。イは形容詞「さりげない」の連体形の一部。ほかは形容詞（ウ・オは補助形容詞）。

6 イは接続詞「それで」が省略されたもの。エは断定の**助動詞**「だ」の連用形。ほかは格助詞。

7 (1)場所を表す格助詞。(2)動詞「ある」に接続。断定の助動詞「だ」の連用形。(3)「編んで」は、「編み」の撥《はつ》音便形「編ん」と接続助詞「て」の濁音《だくおん》化した「で」。(4)形容動詞「新鮮だ」の連用形の活用語尾。(5)伝聞の助動詞「そうだ」の連用形の一部。

8 ①「まるで〜ようだ」の意味になるので、比喩の助動詞「ようだ」の連体形。②断定の助動詞「だ」の連用形の「で」。③「たとえば〜ようだ」の意味になり、例示の助動詞「ようだ」の連体形。

Step 3 ① 解答 46〜47ページ

1 (1) ア　(2) ア　(3) イ　(4) イ　(5) エ

2 イ

3 ニ

4 イ

5 ウ

6 ❶ 受け身　❷ 存続　❸ 推定　❹ 過去　❺ 受け身　❻ 断定　❼ 受け身　❽ 比喩　❾ 打ち消し（否定）　❿ 意志

解説

1 (1)例文の「れ」は、**受け身**。アは受け身、イは可能、ウは自発、エは尊敬。(2)例文の「られ」は、**受け身**。アは受け身、イは尊敬、ウは可能、エは自発。(3)例文の「う」は、**意志**。アは、あることが起きかけている様子を表す「う」、イは意志、ウは推量、エは勧誘《かんゆう》。⑷例文の「だ」は、断定。アは推定の助動詞「ようだ」の終止形の一部。イは断定の助動詞「だ」の終止形。ウは形容動詞「きれいだ」の終止形の活用語尾。エは動詞「休み」の撥《はつ》音便形「休ん」＋過去の助動詞「た」が濁《にご》った「だ」。⑸例文の「そうだ」は様態。ア・イ・ウは終止形に接続しているので伝聞。オは形容動詞「丈夫だ」の語幹に接続しているので様態。

ここに注意

⑸のエ「丈夫そうだ」のように、様態の「そうだ」が形容詞や形容動詞の語幹に接続する場合があるので、注意しよう。

例・暖か（形容詞の語幹）そうだ
・穏《おだ》やか（形容動詞の語幹）そうだ

2 「せる」は、五段・サ変に、「させる」は上一段・下一段・カ変に接続する。
ア「食べ」は、下一段活用の動詞「食べる」の未然形。→食べさせる＝○
イ「読ま」は、五段活用の動詞「読む」の未然形。→読ませない（「読まさない」は×）
ウ「寝」は下一段活用の動詞「寝る」の未然形。→寝させよう＝○
エ「見」は上一段活用の動詞「見る」の未然形。→見させて＝○

3 ア・イの「らしい」は推定の助動詞。ウは、形容詞「かわいらしい」の終止形の一部。エ・オは、名詞「春」・「女」について形容詞に変える接尾語。

ここに注意

「彼女はこの部でただ一人の女らしい。」の場合の「らしい」は推定の助動詞。「らしい」は名詞のほかに形容動詞の語幹につき、形容動詞を形容詞に変える場合もある。（愉快《ゆかい》だ→愉快らしい）

4 ア・ウ・エ・オの「ない」は、動詞（見せる・する・いる・なる）の未然形に接続し、「ぬ」に置き換《か》えられるので、打ち消し（否定）の助動詞。イは、「いつにもない」となり、補助形容詞。「いつに」は副詞。（「いつにない」で一語とする説もある。）

5 ア・イ・エ・オの「で」は、断定の助動詞「だ」の連用形。ウの「で」は、「死に」の撥音便形「死ん」＋助詞「て」の濁音《だくおん》化した「で」。

ここに注意

アの「で」は、「田畑に…済む」までを受けており、断定の助動詞。格助詞の「で」や接続助詞の「て」とは異なる。

6 ①・⑦られる〔受け身・可能・自発・尊敬〕、②た〔過去・完了・存続〕、③ようだ〔比喩《ひゆ》（たとえ）・例示・推定〕、④た〔過去・完了《かんりょう》・存続〕、⑤れる〔受け身・可能・自発・尊敬〕、⑥だ〔断定〕、⑧ようだ〔比喩・例示・推定〕、⑨ん（ぬ）〔打ち消し（否定）〕、⑩う〔推量・意志・勧誘〕。

11 助詞①

Step1 解答　48～49ページ

1 Aの　Bに　Cが　Dを　Eと
2 ⑴エ　⑵キ　⑶ケ　⑷コ　⑸ウ　⑹カ　⑺イ　⑻オ
3 Aけれど　Bば　Cから　Dたり　Eても　Fので
4 ⑴ア　⑵イ　⑶ア　⑷イ　⑸ウ　⑹エ　⑺ア　⑻ウ　⑼ウ　⑽オ

解説

1 A名詞「みどりの森」を修飾する連体修飾語。B場所を表し、「やってきた」を修飾する連用修飾語。C「あかるい朝」が主部、「やってきた」が述部なので主語。D他動詞「かしげる」の目的物を表す連用修飾語。Eヒョウの「かあさんともに」と、共同の相手を示している。

2 ⑴と〔結果・並立・比較の基準・引用・相手〕
⑵を〔動作の起点・動作の場所・対象〕
⑶から〔起点・原因・理由・材料〕
⑷の〔主語・連体修飾・体言の代用・同格・並立〕
⑸より〔比較の基準・限定・起点〕
⑹が〔主語・対象〕
⑺へ〔方向・帰着点〕
⑻で〔手段・場所・状態・原因・理由・数量〕

3 Aは逆接、Bは仮定、Cは順接、Dは並立、Eは逆接、Fは順接。

Step 2 解答　50～51ページ

1 (1)2　(2)2　(3)3　(4)3　(5)4
2 (1)ウ　(2)ア　(3)イ　(4)ウ　(5)×　(6)ウ　(7)エ
3 イ・エ
4 (1)エ　(2)オ　(3)ア　(4)カ　(5)イ　(6)ウ
5 (1)ウ　(2)イ　(3)×　(4)ア　(5)エ
6 (1)イ　(2)ア　(3)ウ　(4)エ
7 格助詞ア・カ
接続助詞イ・ウ・エ・オ・キ
8 (1)エ　(2)ウ　(3)イ　(4)ア　(5)ウ

解説

1 まず文節に分け、自立語を除き、付属語を見つける。次に、それが活用するかどうかを調べる。活用しなければ助詞。
(1)助詞は、「は」「の」の二つ。「です」は丁寧《ていねい》な断定の助動詞。(2)助詞は、「から」「を」の二つ。「この」は連体詞。(3)助詞は、「に」「ば」「が」の三つ。(4)助詞は、「が」「たり」「だり」の三つ。「だり」は、「たり」が濁音化したもの。(5)助詞は、「が」「から」「を」「て」の四つ。「降った」「出かけた」の「た」は、過去の助動詞。

2 (1)「の」は、名詞（体言）「もの」に置き換えられるので、体言の代用。(2)「桜が」と「が」に置き換えられるので、主語。(3)「コブシの」は、名詞「花」を修飾。(4)「もの」に置き換えられる。(5)疑問を表す**終助詞**。(6)「もの」に置き換えられる。(7)「正義」と「愛」とが列挙されている。

ここに注意
(2)は連体修飾ではなく、主語を示す「の」であることに注意しよう。

3 ア・ウ・オの「が」は、「けれど」に置き換えられるので、**接続助詞**。イ・エの格助詞「が」は**主語**を示す。

4 (1)「なった」結果が「雪」であることを示しているので、**エ**。(2)「九時」という時間を示しているので、**オ**。(3)講演会を依頼した相手が大学なので、**ア**。(4)「月」によって照らされている対象が主体である「梅」なので、**カ**。(5)「手紙を出す」目的で行ったので、**イ**。(6)宿題を置いた場所が机の上なので、**ウ**。

5 (1)デパートに一緒《いっしょ》に行った相手が母だったので、**ウ**。(2)「月」と「星」とが並立されているので、**イ**。(3)「ばたばたと」は擬音語《ぎおん》なので、**副詞**。(4)「今日は…寒いね」という彼の言葉を引用しているので、**ア**。(5)宝物が消えた結果が「煙」なので、**エ**。

ここに注意
(3)「ばたばたと」は一語。擬声語（擬音語）や擬態語は、用言を修飾する活用のない自立語なので、すべて副詞である。

6 (1)「暖かい」と「肌触りのよい」を同時に並べているので**イ**。(2)「とても寒い」ことが「風邪《かぜ》を引いてしまった」理由なので**ア**。(3)「家に帰って」と「すぐに買い物に出かけた」が時間の経過に沿って接続しているので**ウ**。(4)「明日テストだとわかっているにもかかわらずゲームで遊んでいた」と同義なので**エ**。

7 **ア**は動作の起点を表す格助詞。**イ**は確定の逆接の接続助詞。**ウ**は確定の順接の接続助詞。**エ**は確定の順接の接続助詞。**オ**は並立を表す接続助詞。**カ**は比較《ひかく》の基準を表す格助詞。**キ**は確定の逆接の接続助詞。

8 (1)副詞「直ちに」の一部。(2)比喩《ひゆ》の助動詞「ようだ」の連用形の一部。(3)形容動詞「静かだ」の連用形の活用語尾。(4)場所を示す格助詞。(5)様態を表す助動詞「そうだ」の連用形の一部。

12 助詞②

Step 1 解答　52～53ページ

1 (1)エ　(2)❶キ　❷キ　(3)カ　(4)ア　(5)オ　(6)イ　(7)ウ
2 (1)オ　(2)イ　(3)ア　(4)エ　(5)ウ
3 格助詞ア・イ・ウ・カ・コ
接続助詞オ・ク
副助詞エ・キ・ケ
終助詞サ・シ
4 (1)カ　(2)イ　(3)ア　(4)エ　(5)ウ　(6)オ

解説

1 (1)**限定**の「きり」。(2)**並立**の「やら」。(3)**類推**の「さえ」。(4)**類推**の「でも」。(5)並立して選択《せんたく》させることを示す「か」。⑹強意の「こそ」。⑺程度の「ほど」。

2 ⑴感動の「なあ」。⑵反語の「か」。⑶呼びかけの「よ」。⑷疑問の「かしら」。⑸強意の「とも」。

4 ⑴副助詞「でも」の一部。⑵接続助詞「て」の濁音《だくおん》化。⑶原因・理由の格助詞。⑷様態の助動詞「そうだ」の連用形の一部。⑸断定の助動詞「だ」の連用形。⑹形容動詞「優雅だ」の連用形の活用語尾《ごび》。

Step 2 解答　54～55ページ

1 ⑴5　⑵5　⑶4　⑷8　⑸5

2 ⑴ウ　⑵ア　⑶カ　⑷エ　⑸カ　⑹ウ　⑺ク　⑻カ　⑼エ　⑽キ

3 ⑴オ　⑵ウ　⑶エ　⑷ア　⑸カ　⑹ア　⑺ア　⑻カ　⑼ウ　⑽エ

4 ⑴だけ（のみ）　⑵しか　⑶く（ぐ）らい（ばかり）　⑷だけ（なり）　⑸も

5 エ

6 Aか（かしら）　Bわ（な・なあ・ぜ）　Cな　Dぞ（よ・ぜ・わ）　Eで・のに・と　Fの・こと・ものか

解説

1 ⑴副助詞「は」・接続助詞「が」・副助詞「も」・接続助詞「で」・終助詞「よ」。⑵副助詞「ばかり」・副助詞「だの」（二度使用）・副助詞「も」・終助詞「ね」。⑶副助詞「くらい」・格助詞「に」・終助詞「か」・終助詞「なあ」。⑷副助詞「まで」・副助詞「は」・格助詞「で」・格助詞「から」・副助詞「は」・格助詞「に」・接続助詞「て」・終助詞「ぜ」。⑸格助詞「を」・終助詞「わ」・副助詞「でも」・副助詞「ほど」・終助詞「もの」

> **ここに注意**
> ⑵「でなく」の「で」は、断定の助動詞「だ」の連用形。⑷「バスで」の「で」は、手段を表す格助詞。「で」の識別に注意しよう。

4 副助詞には、類似《るいじ》した意味・用法のものが数多くあるので、その中から字数を考えて選択《せんたく》すること。⑴限定の「だけ」、または「のみ」。⑵限定の「しか」。⑶程度の「くらい（ぐらい）」、または「ばかり」。⑷限定の「だけ」、または例示の「なり」。⑸強意の「も」。

5 例文の「の」は疑問の終助詞。アは接続助詞「ので」の一部。イは体言の代用をする格助詞「の」。ウは名詞「もの」の一部。エは疑問の終助詞「の」。オは連体修飾《しゅうしょく》語を作る格助詞「の」。

6 Bの「私」は女性と推測できるので、感動を表す終助詞として「わ」が適切。ほかに、「な」「なあ」「ぜ」なども考えられる。C「強い要求」を示すとあるので、禁止の意味の「な」が適切。D「注意を示す」とあり、強調や念押しの意味の「ぞ」や「よ」「ぜ」「わ」が適切。EやFを考える場合には、直前の五つの例文の中からまず助詞をすべて拾いあげる。すると、「で・のに・を・のも・は・の・こと・と・ものか」が見つかる。この中から、接続助詞と終助詞とを判別する。なお、「呼んで」「苦しんで」の「で」は、「呼びて」「苦しみて」の「て」が、撥《はつ》音便によって濁音化したもの。

> **ここに注意**
> 終助詞の「こと」や「ものか」の「もの」と、名詞（形式名詞）の「こと」「もの」との識別に注意しよう。

Step 3 ② 解答　56～57ページ

1 ⑴イ　⑵イ

2 イ

3 ⑴カ　⑵ウ　⑶ア　⑷イ　⑸イ

4 ア

5 ⑴❶副　❷格　❸副　⑵Aで　Bも

解説

1 ⑴例文の「の」は主語を表す格助詞。選択肢《せんたくし》の「の」も、すべて格助詞。アは体言の代用を表す。イは主語を表す。ウは連体修飾語を表す。エは体言の代用を表す。オは連体修飾語を表す。⑵例文の「の」は体言の代用を表す格助詞である。アは連体詞の一部。イは体言の代用を表す格助詞。ウは連体修飾語を表す格助詞。エは終助詞。オは主語を表す格助詞。

> **ここに注意**
> ⑵アの「の」は助詞ではなく、連体詞「この」の一部である。ある品詞の一部かどうかは、もとの文を単語に区切れば判断がつく。苦手

な場合は第一章を復習しよう。

2 例文の「に」は、**格助詞**。アは**形容動詞**「きれいだ」の連用形の活用語尾。イは**格助詞**。ウは様態の助動詞「そうだ」の連用形の一部。エは接続助詞「のに」の一部。

3 (1)例文の「と」は、**引用**を示すので、「 」をつけられるものを選ぶ。(2)例文とウの「まで」は時間的な範囲《はんい》を表す副助詞「まで」である。アは程度や限度を表す副助詞。イは添加《てんか》の副助詞。エは極端《きょくたん》な例からほかを類推させる副助詞。(3)例文の「か」は、**疑問**を表す終助詞。アは疑問。イは反語。ウは感動。エは勧誘《かんゆう》。(4)例文の「さえ」は、**添加**を表す副助詞。アは限定。イは添加。ウは限定。エは類推。(5)例文とイの「ながら」は動作の並行《へいこう》を表す接続助詞。アとエは逆接を表す接続助詞。ウは逆接の接続詞「しかしながら」の一部。

ここに注意

(4)の「さえ」の意味の違《ちが》いに注意しよう。「でも」に置き換《か》えられれば「類推」、「だけ」に置き換えられるものは「限定」、「〜までも」に置き換えられるものは添加である。(5)の「ながら」のうち、「〜けれど」に置き換えられるものは、すべて「逆接」の意味である。

4 aは〝「五月のさなか」と言ってよい〟と「 」がつけられる。bは、「海よりのバス道路」について説明しているので、「 」がつけられる。cは、**接続助詞**である。dは**副詞**「ちょっと」の一部である。eは**接続助詞**。fは**副詞**「さっと」の一部。

5 (1)①は、限定を表す副助詞。②は、起点を表す格助詞。③は、例示の副助詞。(2)Aは、**手段**を表す格助詞「で」。「〜によって」「〜をもって」という意味。Bは、並立の副助詞「も」。絵の中の「紅葉」と「鹿」の大きさが並べられている。

ここに注意

(1)②「から」には、格助詞と接続助詞とがある。体言につく「から」が格助詞、用言や助動詞の終止形につくのが接続助詞。

第4章 敬語

13 尊敬語・謙譲語《けんじょう》・丁寧語《ていねい》

Step 1 解答 58〜59ページ

1 (1)イ (2)ア (3)イ (4)ウ (5)イ (6)ウ (7)ア (8)イ

2 (1)する (2)言う (3)いる (4)来る (5)食べる (6)会う

3 (1)行く (2)する (3)やる（与える） (4)いる

4 (1)いただき (2)いただき (3)おっしゃい (4)参り（うかがい） (5)召し上がっ (6)存じ（存じ上げ）

5 (1)イ (2)ア (3)オ (4)ウ (5)エ (6)オ

6 (1)❶ご覧になる ❷拝見する (2)❶おっしゃる ❷申し上げる（申す） (3)❶召し上がる ❷いただく

解説

1 (1)相手は「お客様」で、「さしあげる」のは話者自身の行為《こうい》なので謙譲語。(2)「おっしゃる」のは相手「あの方」の行為なので尊敬語。(3)「ご説明申し上げ」るのは話者自身の行為なので謙譲語。(4)「お天気だ」の丁寧な表現。(5)「参る」のは話者自身の行為なので謙譲語。(6)「おいしかった」の丁寧な表現。(7)「ご覧になる」のは相手の行為なので尊敬語。(8)「送らせていただく」のは話者自身の行為なので謙譲語。

2 **3** (3)・(4)は、同じ敬語でも、もとの動詞は異なる。尊敬語と同様に、「うかがう」や「いただく」などには、もとの動詞が複数ある。

4 (1)「食べる」の謙譲語。(2)「もらう」の謙譲語。(3)「言う」の尊敬語。(4)「来る」の謙譲語。(5)「食べる」の尊敬語。(6)「知る」の謙譲語。

5 対象人物の言動にかかわらない場合には、まず丁寧語かどうかを検討してみる。

Step 2 解答 60〜61ページ

1 エ

2 お目にかかった

3 (1)いただき (2)おっしゃる (3)いらっしゃい (4)召し上がって (5)くださっ

4 (1)説明されますので→説明いたしますので（ご説明しますので）

(2) 召し上がりますので→いただきますので
(3) 伝えたら→お伝えしたら
(4) 来るのなら→いらっしゃるのなら（おいでになるのなら・来られるのなら・お越しになるのなら・お見えになるのなら）
(5) あげた→やった（与えた）
(6) 申された→おっしゃった（言われた）

5 (1) 妹　(2) 先生　(3) 先生　(4) 先生

6 (1) ウ
(2) ご自宅にいらっしゃるとき、遊びにうかがう

7 ❶ 申します　❷ 姉

解説

1 言動の主体を考えると、エ以外の各文の正しい敬語は次のようになる。ア家族でいただきました。〈謙譲語〉。イ社長のおっしゃる〈尊敬語〉。ウ私にくださり〈謙譲語〉。

3 誰《だれ》に対する敬語かを考える。各文の敬語はすべて尊敬語。
(3)「ご自宅」という表現から、「いる」のは目上の人の行為《こうい》とわかる。(5)返事を「くれ」たことに対するお礼なので、尊敬語に直す。

4 言動の主体が、話し手側の人間かどうかがポイント。
(1)「お客様」に説明するのは、自分の会社の社長なので、「説明する」の謙譲語。(2)第三者に、自分の母が食べる行為を言っているので、「食べる」の謙譲語。(3)相手が「先生」なので、「伝える」の謙譲語。(4)主体が「先輩」なので、「来る」の尊敬語。(5)相手が「犬」なので、敬語表現を使う必要はない。「あげる」は「やる・与《あた》える」の謙譲語なので不適切。(6)話している主体が「社長」なので、「言う」の尊敬語。

5 文末が丁寧語であるかどうかで、話している相手が決定する。
(1)「見に行った」は、丁寧語ではなく、普通《ふつう》の言い方なので、太郎さんから妹への言葉。(2)「見に行きました」は**丁寧語**なので、太郎さんから先生への言葉。(3)「いらっしゃる」は「行く」の**尊敬語**なので、太郎さんから先生への言葉。(4)尊敬の助動詞「れる」を用いて、「行く」を高めているので、太郎さんから先生への言葉。

6 (1)手紙での**頭語**（書き出し）と**結語**（結び）の関係は、基本的に次のようになる。
拝啓…敬具・かしこ（女性）
前略・冠省《かんしょう》…草々・早々
(2)「いる」の尊敬語と「行く」の謙譲語を使う。

7 伝える相手が「目上の人」なので、「言う」は**謙譲語**にする。また、目上の人との話の中では、自分の家族に「さん」などの敬称《けいしょう》をつけない。

14 敬語の用法

Step 1 解答　62～63ページ

1 A いる　B なさる（あそばす）
C いらっしゃる　D いらっしゃる（お越しになる）
E いたす　F 参る（うかがう）
G 参る（うかがう）

2 (1) イ　(2) ア　(3) ウ　(4) イ　(5) ウ

3 ❶ 彼・お客様　❷ 彼・上司
❸ 書き手（筆者）・読み手（読者）

4 ❶ 謙譲語　❷ 謙譲語　❸ 丁寧語
❹ 謙譲語　❺ 謙譲語

5 申して

解説

1 A「いらっしゃる」には複数の意味があるが、謙譲語の「おる」から例語が決定できる。

2 **動作の主体**を考えよう。
(1)「食べる」のは「お客様」なので、尊敬語。(2)「行く」のは「私」なので、謙譲語。(3)先生宅でお菓子を「食べた」のは「私」なので、謙譲語。(4)「知らない」のは「私」なので、謙譲語。(5)「言う」のは「私」の身内である「父」なので、謙譲語。

3 会話文の動作の主体は「彼」であり、地の文の動作の主体は書き手（筆者）である。
①「おわびを申し上げ」るのは「彼」。③上司に「報告し」たのは「彼」だが、そのときの様子を読者に対して述べているのは書き手（筆者）。

4 ①「申す」は「言う」の謙譲語。「言う」のは「いち」。②「いただく」は「もらう」の謙譲語。「助けてもらう」のは「おとっさん」。③「ございます」は「だ・である」の丁寧語。④「さしあげる」は「やる」の謙譲語。「やる」のは「いち」である。

⑤「まいる」は「来る」の謙譲語。「持ってくる」のは「いち」。

Step 2 解答　64～65ページ

1 A なさる　B いらっしゃる
C ご覧になる　D お召しになる
E くださる　F なる　G れる

2 (1)イ　(2)イ

3 (1)イ　(2)エ

4 エ

5 (1)なさい　(2)お出ししたら

解説

1 「お～になる」が尊敬表現であることに注意する。「お～する」は謙譲表現。

2 (1)「用件を聞く」のは「中学生の子ども」であり、「用件を聞く」相手は、「父親の勤め先の人」(＝目上の人)なので、謙譲語と尊敬語の組み合わせのものを選べばよい。**ア**の「伺う」は謙譲語、「申し上げる」も謙譲語。**イ**の「承る」は謙譲語、「おっしゃる」は尊敬語。**ウ**の「お聞きになる」は尊敬語、「言ってください」は丁寧語。**エ**は敬語表現が用いられていない。特に、「お話しなさい」は命令表現なので、不適切。(2)話し手は「受付係」で、相手は「客」なので、尊敬語と尊敬語の組み合わせになっているものを選べばよい。**ア**の「見える」は尊敬語、「お持ちする」は謙譲語。**イ**の「いらっしゃる」は尊敬語、「お持ちになる」は尊敬語。**ウ**の「うかがう」は謙譲語、「ご持参ください」は尊敬語。**エ**の「お見えになる」は尊敬語、「お持ちいたします」は謙譲語。

3 (1)**イ**の「注意する」は「先生」の行為なので、尊敬表現になる。「申す」は謙譲語なので、不適切。(2)**エ**の「食べる」は「先生」の行為なので、**尊敬語**になる。「いただく」は謙譲語なので、不適切。

4 文中において、Aさんは「お客」であり、Bさんは Aさんを迎《むか》える側である。**ア**「お邪魔する」は「訪ねる」の謙譲表現であり、動作の主体がAさんなので適切。**イ**「ご迷惑」の「ご」は尊敬の接頭語であり、「迷惑」をかける相手はBさんなので適切。**ウ**家に「上がる」のはAさんであり、「お上がりください」は尊敬表現なので、適切。**エ**Aさんの行為なのに、「おうかがいする」という謙譲表現は不適切。**オ**「会った」のはBさん自身なので、相手のAさんに対する尊敬表現「お目にかかる」は適切。

5 (1)店員はお客に対しては**尊敬語**を使う。「する」の尊敬語として「され(ますか)」も考えられるが、「され」は二文字なので不適切。(2)動作の主体が「お母さん」であり、相手は「お客様」なので、「お～する」という謙譲表現が適切。

Step 3 解答　66～67ページ

1 (1)おっしゃいました(言われました)
(2)うかがった(おうかがいした・参った)
(3)ご存じの(知っていらっしゃる)
(4)ご出席ください

2 ア

3 イ・エ

4 指導していただく

5 (1)久しぶり
(2)お母さんに→母に
(3)失礼します(失礼いたします)

解説

1 (1)「言う」の主体は「先生」なので、**尊敬語**に直す。(2)「行く」の主体は「筆者」なので、**謙譲語**に直す。(3)「知る」の主体は「みなさん」なので、**尊敬語**に直す。(4)「ご出席する」は謙譲語なので、「ご出席くださる」という**尊敬語**に直す。

2 「買い物に出かける」という動作の主体は身内である「母」であり、「伝える」という動作の主体は「話者自身」なので、どちらも**謙譲語**になる。

3 **ア**「言う」のは話者「山本さん」自身なので、謙譲語「申す」は適切。**イ**「担当する」のは「佐藤さん」なので、謙譲語「いたす」は不適切。**ウ**電話を「やる」のは「山本さん」自身なので、謙譲語「差し上げる」は適切。**エ**都合を「聞く」のは「山本さん」自身なので、尊敬表現「お聞きになる」は不適切。**オ**「行く」のは「山本さん」自身なので、謙譲語「伺う」は適切。**カ**「願う」のは「山本さん」自身なので、謙譲表現「お願いする」は適切。

4 「佐藤先生が」の場合は、「指導する」の主体は「佐藤先生」なので、「くれる」の尊敬語「くださる」となるが、「佐藤先生に」の場合には、主体が生徒である「利用者」になるので、謙譲語「いただく」となる。

5 (2)他人に身内のことを話す場合には、敬語を用いないで「父・母・兄・姉」などとする。

第5章 品詞の識別

15 ようだ・そうだ／れる・られる

Step 1 解答 68〜69ページ

1 ウ
2 イ
3 (1)ウ (2)イ (3)エ (4)ア
4 ア
5 ❶比喩の助動詞「ようだ」の連体形。
❷自発の助動詞「れる」の連体形。
❸受け身の助動詞「れる」の連用形。
❹伝聞の助動詞「そうだ」の連用形。

解説

1 例文は「どうやら〜らしい」と置き換《か》えられるので、**推定**の助動詞「ようだ」を選ぶ。アとオは**例示**、イは**比喩**、エはあとに「願っています」などが省略された**願望**。
2 例文とイは**様態**の助動詞。アとエは伝聞。ウは形容動詞の一部。オは副詞「そう」＋断定の助動詞「だ」。
3 (1)は受け身、(2)は可能、(3)は自発、(4)は尊敬。
4 アは「〜することができる」の**可能**。イとウは**受け身**。

Step 2 解答 70〜71ページ

1 様態ウ・オ・カ・キ・ク・コ
伝聞ア・イ・エ・ケ
2 (1)B (2)A (3)A (4)B (5)C (6)A (7)C (8)A (9)B (10)B
3 ア
4 (1)受け身 (2)× (3)可能 (4)×
5 (1)❶「ように」は例示の意味で、❷「ような」は比喩の意味。
(2)❸「れ」は尊敬の意味で、❹「れ」は受け身の意味。
(3)❺「そうだ」は伝聞の意味で、❻「そうだっ」は様態の意味。
(4)❼「られ」は可能の意味で、❽「られ」は自発の意味。

解説

2 「どうやら〜らしい」と置き換えられれば**推定**、「まるで〜のように」と置き換えられれば**比喩**、「例えば〜のような」に置き換えられれば**例示**。
3 アの「れ」は下一段活用の動詞「分かれる」の連用形の活用語尾《ごび》。ほかはすべて受け身の助動詞「れる」の連用形。
4 (1)受け身の助動詞「れる」の連用形。(2)下一段活用の動詞「くれる」の連体形の一部。(3)可能の助動詞「られる」の連用形。(4)下一段活用の動詞「しれる」の連用形の活用語尾。
5 (1)助動詞「ようだ」には、「比喩」「推定」「例示」の三種類がある。①は「職員室にくる」という例が示されている。②は「不安」な気持ちが、「雲の上を歩く」という表現でたとえられている。(2)助動詞「れる」には、「受け身」「尊敬」「可能」「自発」の四種類がある。③は「僕」が「先生」を敬う意味。④は「僕」がほかから動作を受ける意味。(3)助動詞「そうだ」には、「様態」「伝聞」の二種類がある。⑤は「先生」が聞いたことを「僕」に伝えている。⑥は「僕」が「先生」の様子を見て、そのように感じたのである。(4)助動詞「られる」の意味は、「れる」と同様に「受け身」「尊敬」「可能」「自発」の四種類。⑦は「〜することができる」という意味。⑧は「自然に〜される」という意味。

16 らしい・ない・ながら

Step 1 解答 72〜73ページ

1 エ
2 エ
3 aは形容詞の「ない」で、bは助動詞の「ない」。
4 ア
5 (1)❶推定の助動詞「らしい」の終止形。
❷形容詞「新興商人らしい」の連体形の一部（接尾語）。
(2)ⓐウ ⓑア ⓒエ ⓓア ⓔア

解説

1 エは「彼女らしい」という**形容詞の一部**。ほかはすべて**推定の助動詞**「らしい」。
2 例文とエの「ない」は、**打ち消し（否定）の助動詞**。ア・イは補助形容詞「ない」の連用形。ウ・

オは形容詞「ない」の連用形。

3 aとbを文節に分けると、次のようになる。
aこれまで／行った／ことが／なかった。
bなかなか／行けなかったのだ。
したがって、aは形容詞で、bは助動詞。

4 例文とアの「ながら」は、**確定の逆接**の助動詞。

ここに注意
「ながら」が逆接の意味の場合には接続語の文節を作り、動作の並行《へいこう》を表す場合には連用修飾《しゅうしょく》語の文節を作る。

5 (1)①の「らしい」は、「〜のようだ」という意味なので、**推定の助動詞**。②の「らしい」は、「〜としてふさわしい」という意味なので、名詞「新興商人」を形容詞に変える**接尾語**。(2)**ア**は打ち消し（否定）の助動詞、**イ**は補助形容詞、**ウ**は形容詞「おとなげない」の一部、**エ**は形容詞。

Step 2 解答　74〜75ページ

1 エ
2 エ
3 イ
4 ウ・オ
5 ア
6 (1) A確定の逆接の接続助詞「ながら」。
B動作の並行を表す接続助詞「ながら」。
(2) aB　bA　cA　dB
7 (1)イ・エ　(2)ア・ウ

解説

1 例文の「らしい」は、**推定の助動詞**。アは形容詞「かわいらしい」の連用形の一部。イは形容詞「もっともらしい」の連用形の一部。ウは名詞「私」＋接尾語「らしい」。エの「いたらしく」は動詞「いる」の連用形＋過去の助動詞「た」＋推定の助動詞「らしい」。オは形容詞「わざとらしい」の連用形の一部。

2 **ア〜ウ**は打ち消し（否定）の助動詞「ぬ」と置き換えられるので、**打ち消し（否定）の助動詞**「ない」。**エ**は形容詞「もったいない」の終止形の一部。

3 例文と**イ**の「ない」は一文節なので、**形容詞**。**ア・ウ・エ**は打ち消し（否定）の助動詞「ない」である。

4 **ア・イ・エ**は打ち消し（否定）の助動詞。

5 例文と**ア**の「ながら」は、**確定の逆接**。**イ・ウ**は動作の並行、**エ**は「〜のまま。〜のとおり」の意味を表す接続助詞（体言・副詞につくものは、副助詞や接尾語とする説がある）。

6 (1)Aは「〜にもかかわらず」という確定の逆接の接続助詞「ながら」。Bは動作の並行を表す接続助詞「ながら」。

7 (1)の「ながら」は動作の並行で、(2)の「ながら」は確定の逆接。**オ**「三人ながら」は、「三人とも」の意味を表す接続助詞（体言・副詞につくものは、副助詞や接尾語とする説がある）。

17 が・の・だ

Step 1 解答　76〜77ページ

1 ア・オ
2 ❶イ　❷並立を表す接続助詞。
3 イ・エ
4 ❶ウ　❷主語を表す格助詞の「が」。
5 ア・イ・エ
6 ❶イ　❷断定の助動詞「だ」の終止形。

解説

1 例文と**イ・ウ・エ**の「が」は、**主語を示す格助詞**。**ア・オ**は逆接の接続助詞。

2 例文と**イ**の「が」は、**並立・対比の接続助詞**。**ア・エ**は主語を示す格助詞。**ウ**は対象を表す格助詞。

3 例文と**ア・ウ・オ**の「の」は、**体言と同じ働き（体言の代用）をする格助詞**。**イ**は疑問を表す終助詞。**エ**は連体修飾《しゅうしょく》語を作る格助詞。

4 例文と**ウ**の「の」は、**主語を示す格助詞**。**ア**は体言の代用をする格助詞。**イ**は並立を表す格助詞。**エ**は連体修飾語を作る格助詞。**オ**は疑問を表す終助詞。

5 例文と**ウ・オ**の「だ」は、**過去の助動詞**「た」が濁音《だくおん》化したもの。**ア**は断定の助動詞「だ」の終止形。**イ**は形容動詞「元気だ」の終止形の活用語尾。**エ**は形容動詞「静かだ」の終止形の活用語尾。

6 例文と**イ**の「だ」は、**断定の助動詞**。**ア**は推定の助動詞「ようだ」の一部。**ウ**は様態の助動詞「そうだ」の一部。**エ**は過去の助動詞「た」の濁音《だくおん》化。

Step 2 解答 78～79ページ

1 A主語　B対象　C確定の逆接　D並立・対比　E接続
2 イ
3 イ
4 A主語　B連体　C体言　D疑問　E断定
5 イ・エ
6 ア
7 (1)様態の助動詞「そうだ」の一部。 (2)形容動詞「暖かだ」の終止形の活用語尾。 (3)断定の助動詞「だ」の終止形。 (4)過去の助動詞「た」の終止形の濁音化。 (5)推定の助動詞「ようだ」の終止形の一部。
8 ウ

解説

1 「果物がほしい」は、「果物をほしい」と置き換《か》えられるので、「果物が」は、述語「ほしい」の対象を示す。「海は広いが、空も広い」では、「海」と「空」とが並立《へいりつ》・対比されている。

2 例文とイの「が」は、**主語を示す格助詞**。アは単純な接続を示す接続助詞。ウ・エは「けれど」と置き換えられるので、確定の逆接を示す接続助詞。

3 ——線部とイの「が」は、**主語を示す格助詞**。アは確定の逆接を表す接続助詞。ウは単純な接続を表す接続助詞。エは接続詞。

5 イとエは**断定の助動詞**の一部。アは過去の助動詞「た」の撥《はつ》音便。ウは形容動詞「不安だ」の連用形の活用語尾《ごび》。オは副詞「はなはだ」の一部。

6 例文とアの「の」は**主語を示す格助詞**。イは体言の代用をする格助詞。ウは並立を示す格助詞。エ・オは連体修飾語を作る格助詞。

8 例文とウの「だ」は、**断定の助動詞**。アは過去の助動詞「た」が濁音化したもの。イは推定の助動詞「ようだ」の一部。エは伝聞の助動詞「そうだ」の一部。

18 で・でも・に

Step 1 解答 80～81ページ

1 ❶イ　❷場所を示す格助詞の「で」。
2 ❶ウ　❷断定の助動詞「だ」の連用形。
3 ❶ア
❷確定の逆接の接続助詞「ても」の濁音化。
4 エ
5 ❶ア
❷形容動詞「勝手だ」の連用形の活用語尾。
6 エ

解説

1 例文とイの「で」は、**場所を示す格助詞**。アは手段・材料を表す格助詞。ウは数量を表す格助詞。エは原因・理由を表す格助詞。

2 例文とウの「で」は、**断定の助動詞**「だ」の連用形。アは形容動詞「穏やかだ」の連用形の活用語尾。イは確定の順接の接続助詞「ので」の一部。エは接続助詞「て」が濁音化したもの。オは手段・方法を表す格助詞。

ここに注意
「名詞＋で」には、断定の助動詞と形容動詞の連用形の活用語尾とがあるので、注意したい。形容動詞は「で」を「な」に換えることができるが、助動詞の「で」は「な」に換えることはできない。また、格助詞の「で」には「手段・材料」を表す用法があることに注意しよう。

3 例文とアの「でも」は、**接続助詞**「ても」が「でも」と濁音化したもの。イはほかを類推させる副助詞。ウは逆接の接続詞。エは例示を表す副助詞。

4 例文とア～ウ・オの「でも」は、**副助詞の「でも」**。エは接続助詞「ても」の濁音化したもの。

5 例文の「に」は**形容動詞**「愉快だ」、アは形容動詞「勝手だ」の連用形の活用語尾。イは目的を表す格助詞。ウは副詞「すでに」の一部。エは様態の助動詞「そうだ」の連用形の一部。

6 アは作用や変化の結果を表す格助詞。イは動作の帰着点を表す格助詞。ウは動作・作用の相手を表す格助詞。エは比喩《ひゆ》の助動詞「ようだ」の連用形の一部。

Step 2 解答 82～83ページ

1 (1)断定の助動詞「だ」の連用形。(2)手段を表す格助詞。(3)単純な接続を表す接続助詞。(4)確定の順接の接続助詞「ので」の一部。(5)形容動詞「親切だ」の連用形の活用語尾。(6)順接の接続詞。

2 イ

3 (1)類推を表す副助詞。(2)逆接の接続詞。(3)例示を表す副助詞。(4)確定の逆接の接続助詞「ても」の濁音化。

4 イ

5 (1)場所を表す格助詞。(2)副詞「すでに」の一部。(3)形容動詞「豊かだ」の連用形の活用語尾。(4)確定の逆接の接続助詞「のに」の一部。

6 イ

7 (1)❸・❹ (2)断定の助動詞 (3)ア

解説

2 例文とイの「で」は、**断定の助動詞「だ」の連用形**。**ア**は手段・材料を示す格助詞。**ウ**は場所を示す格助詞。**エ**は確定の順接の接続助詞「ので」の一部。

4 ア・ウ・エの「でも」は副助詞であり、**イ**の「でも」は接続助詞「ても」の濁音化したもの。

6 例文とイの「に」は、時間を表す**格助詞**。**ア**は副詞「さらに」の一部。**ウ**は形容動詞「自然だ」の連用形の活用語尾。**エ**は比喩の助動詞「ようだ」の連用形の一部。

7 (1)①・③・④の「で」は断定の助動詞「だ」の連用形。②は場所を示す格助詞。⑤は添加《てんか》の副助詞「まで」の一部。(3)**ア**は比喩の助動詞「ようだ」の連用形の一部。**イ**は対象を示す格助詞。**ウ**は時間を示す格助詞。**エ**は添加の接続詞「それに」の一部。**オ**は帰着を表す格助詞。

19 ある・また・な

Step 1 解答 84～85ページ

1 ❶エ ❷連体詞

2 ❶イ ❷副詞

3 ❶ア ❷形容動詞

4 エ

5 ❶形容動詞「穏やかだ」の連体形の活用語尾。 ❷連体詞 ❸接続詞 ❹連体詞「小さな」の一部。 ❺断定の助動詞「だ」の連体形。

解説

1 例文とエは、**連体詞**。ほかは五段活用の動詞。

2 例文とイの「また」は、**副詞**。ほかは接続詞（**エ**は接続詞「または」の一部）。

3 例文とイ～エは、**断定の助動詞「だ」**。**ア**のみ、形容動詞「元気だ」の連用形の活用語尾。

ここに注意
「再び」に置き換えられれば、副詞。

4 例文とエの「な」は、**形容動詞の連体形の活用語尾**。**ア**は様態の助動詞「そうだ」の連体形の一部。**イ**は感動の終助詞。**ウ**は断定の助動詞「だ」の連体形。**オ**は連体詞「おかしな」の一部。

Step 2 解答 86～87ページ

1 (1)ア (2)ウ・形容動詞、カ・感動詞、ク・接続詞 (3)❸は五段活用の動詞「ある」の連体形で、❹は連体詞の「ある」。

2 (1)動詞・イ (2)接続詞・エ (3)副詞・ウ (4)連体詞・ア

3 ウ

4 (1)連体詞・キ (2)助詞・ウ (3)形容動詞・ア (4)助動詞・オ

解説

1 ――線部①は連体詞「大きな」の一部。――線部②は副詞の「また」。――線部③は動詞「ある」の連体形。
(1)**ア**は連体詞「おかしな」の一部。**イ**は形容動詞

「静かだ」の連体形の活用語尾《ごび》。ウは断定の助動詞「だ」の連体形。エは感動の終助詞。

2 アは連体詞。イは（形容詞「悲しい」の語幹に接尾語「がる」がついてできた）動詞。ウは副詞。エは接続詞。オは形容動詞。

3 例文の「またと」は、打ち消しの語「ない」を伴《ともな》う**陳述《ちんじゅつ》の副詞**。ウは接続詞「または」の一部。

4 (1)は**連体詞**。(2)は禁止を表す**終助詞**。(3)は**形容動詞**「嫌いだ」の連体形。(4)は断定の**助動詞**「だ」の連体形。アは形容動詞「急だ」の連用形。イは形容詞「激しい」の連用形。ウは感動を表す終助詞。エは副詞。オは断定の助動詞「だ」の連用形。カは接続詞。キは連体詞。クは呼びかけを表す感動詞。ケは形容詞「暑い」の語幹に接尾語の「さ」がついてできた名詞。

Step 3 解答　88～89ページ

1
(1) Aウ　Bオ　Cイ　(2) B　(3) エ
(4) イ　(5) ⓒオ　ⓕウ　ⓖア
(6) ⓓ連体詞　ⓔ動詞
(7) ❶ア　❷オ　❸エ
(8) ❹オ　❺ウ　❻ア
(9) 単純接続の接続助詞「て」。

2
(1) ❶オ　❷オ　❸イ
(2) ⓐオ　ⓑエ　ⓓキ　ⓖエ
(3) ⓒ形容動詞「急だ」の連用形の活用語尾。
ⓔ形容動詞「不思議だ」の連用形の活用語尾。

ⓕ原因・理由を表す格助詞。

解説

1 (1)助動詞「ようだ」の意味・用法は、**推定・例示・比喩**。Aは「おそらく～だろう」という意味なので、推定。Bは「あたかも～ようだ」という意味なので、比喩。Cの直前の「この」が、前述の状況《じょうきょう》を具体的に指しているので、例示。(2)Dの「ようだ」は、湖に浮かぶ「ネズミの死体」を「木の葉」にたとえているので、**比喩**。(3)ⓐとエの「ながら」は、**動作の並行を表す接続助詞**。ア・イ・ウの「ながら」の意味は、確定の逆接。(4)ⓑとイの「ない」は、**打ち消し（否定）の助動詞**。ほかは補助形容詞。(5)ⓒは**逆接の接続詞**。ⓕは**確定の逆接の接続助詞**。ⓖは**主語を示す格助詞**。(7)❶とアは**変化の結果を表す格助詞**。❷とオは場所を示す格助詞。❸とエは**副詞の一部**。イは対象を表す格助詞。ウは目的を表す格助詞。(8)❹とオは**断定の助動詞「だ」の連用形**。❺とウは**場所を示す格助詞**。❻とアは**接続助詞「て」の濁音《だくおん》化**。イは形容動詞「柔らかだ」の連用形の活用語尾。エは確定の順接の接続助詞「ので」の一部。

2 (2)ⓐは**主語を示す格助詞**。ⓑは**受け身の助動詞**。ⓓは**疑問を示す終助詞**。ⓖは**推定の助動詞**である。

20 文語と口語の違《ちが》い

Step 1 解答　90～91ページ

1 ❶とわせたまい　❷のたまわする
❸おおせらる

2 ❶しる　❷おもう　❸とりいだす

3 (1) イ　(2) エ

4 ❶イ　❷ア　❸ア　❹イ

5 (1) ⓐつかいけり　ⓑいいける
ⓒいうよう
(2) A見る　B見れ　C見る
(3) D美しき　E幼けれ
(4) ❶尊敬　❷尊敬

解説

1 ①「問は」は、ハ行四段活用の動詞「問ふ」の未然形。②「のたまはする」はサ行下二段活用の動詞「のたまはす」の連体形。③「おほせ」は、サ行下二段活用の動詞「おほす」の未然形。

現代語訳

（中宮様が私に）いろいろとお尋《たず》ねになったり、お話しなさったりするうちに、だいぶ時がたったので、（中宮様が私に）「退出したくなったでしょう。それでは早く（お下がりなさい）。夜になったら早く（参上しなさい）」とおっしゃる。

2 ①ラ行四段活用の動詞「知る」の未然形。②ハ行四段活用の動詞「思ふ」の連用形。③サ行四段活用の動詞「取り出だす」の連用形。

現代語訳

弓矢がどこにいったかわからないので、防戦する気力もなく、今は間違《まちが》いなく殺されるであろうと思って、篳篥を取り出して、船の屋根の上に座《すわ》って（それを吹《ふ》いて）いた。

3 ⑴名詞「ところ」に接続するので、**連体形**が入る。形容詞「やすし」の連体形は、「やすき」。

現代語訳

間違いというものは、安心できるところになって必ずしでかすものでございます。

⑵動詞「ゆふ」（ハ行四段活用）に接続するので、**連用形**が入る。形容動詞「やすらかなり」の連用形は、「やすらかに」。

現代語訳

宇治の里の住人をお呼び寄せになって、お造らせになったところ、（宇治の里人は）たやすく組み立ててさし上げたが、（その水車は）思い通りに（うまく）回転して、（池に）水を汲み入れることが、実にみごとであった。

4 ①「す」「なす」の**謙譲語**《けんじょう》〔し申し上げる〕。②「呼び寄せる」の**尊敬語**〔お呼び寄せになる〕。③「言ふ」の**尊敬語**〔おっしゃる〕。④この場合は**謙譲の補助動詞**。「見たてまつる」で謙譲の意味になる〔拝見している〕。

現代語訳

（お昼のお食事の）お給仕申し上げる人が、（お膳を下げさせるために、係の）男たちをお呼び寄せなさろうと思う間もなく（天皇は上《うえ》の御局《みつぼね》〈部屋〉へ）おいでになった。（中宮様が私に）「硯《すずり》の御墨をすりなさい」とおっしゃるが、（私は）目はうわのそらで、ただ（天皇の）いらっしゃるほうだけを拝見している。

5 ⑴ⓐ「使ひ」はハ行四段活用の動詞「使ふ」の連用形。ⓑ「いひ」はハ行四段活用の動詞「いふ」の連用形。ⓒ「いふ」はハ行四段活用の動詞「いふ」の連体形、「やう」の漢字表記は「様」。⑵「見る」は、マ行上一段活用の動詞。Aは、格助詞「に」に続くので**連体形**。Bは、順接の確定条件の接続助詞「ば」に続くので、**已然《いぜん》形**。Cは、名詞「竹の中」に接続するので、**連体形**。⑶Dは、名詞「こと」に接続するので、**連体形**。Eは、順接の確定条件の接続助詞「ば」に接続するので、**已然形**。⑷①「いる」の尊敬語で「いらっしゃる」の意味。②動詞「なる」について尊敬の意味を表し、「なられる」の意味。〔「たまふ」は補助動詞〕

ここに注意

⑵⑶接続助詞の「ば」の接続関係は、二つある。

①用言の未然形＋ば→順接の仮定条件

a もし～ならば

②用言の已然形＋ば→順接の確定条件

b ～ので・から

c ～スルと必ず～スル

現代語訳

今となっては昔のことだが、竹取の翁という者がいた。野山に入って、竹を取りながら、いろいろなことに使っていた。その名を「讃岐の造」といった。（毎日取る）その竹の中に、根元のあたりが光っている竹が一本あった。不思議に思って近寄ってみると、筒の中が光っていた。それを見ると、三寸くらいである人が、とてもかわいらしい姿で座っていた。翁が言うには、「私が朝夕見ている竹の中にいらっしゃったのだから私にはわかった。きっと私の子どもにおなりになるべき方であろう」と言って、（その子を）手の中に入れて家に持って帰って来た。妻の媼に預けて育てさせた。（その子は）この上もなくかわいらしかった。とても小さかったので籠《かご》に入れて育てた。

Step 2 解答 92～93ページ

1 ⑴こいねがう ⑵いつわり ⑶いにしえ ⑷ゆえをいいて ⑸なおたえがたし ⑹もうす

2 いづ《ず》れも良ささ《そ》うなれども、この白鷺

の飛び上がりたる、羽づかひ《い》がかや《よ》う
では、飛ばれまい。

3 (1) ❶そうし ❷草子（草紙・双紙） (2) いふ（言ふ） (3) A ある B あら

4 a 侍ら b 思ひ

5 A エ B ア C ウ D エ E ア

6 給ふ・尊敬、申す・謙譲

7 尊敬語イ・ウ・エ・オ 謙譲語ア

解説

1 (1)「こひねがふ」は、ハ行四段活用の動詞「こひねがふ」の終止形。〔人間は良い友達に会うことを心から願わなくてはならない。〕 (2)「いつはり」は、**名詞**。〔札を立てたのも嘘《うそ》ではない。〕 (3)「いにしへ」は、**名詞**。〔書いたものも、昔のものは、趣深《おもむき》いものが多い。〕 (4)「ゆゑをいひて」は、**名詞**「ゆゑ」＋**助詞**「を」＋ハ行四段活用の**動詞**「いふ」の連用形＋**助詞**「て」。〔自分が悪い理由を言って、良い考えを（世の中に）広めなさい。〕 (5)「なほたへがたし」は、**副詞**「なほ」＋**形容詞**「たへがたし」の終止形。〔見る人は、やはり我慢《がまん》できない。〕 (6)「まうす」は、サ行四段活用の**動詞**「申す」の連体形。〔この理由をありのままに申し上げる。〕

2 「羽づかひ」の「づ」は「使い」なので「ず」には変わらない。

現代語訳

（絵の）どこも良さそうではあるが、この白鷺が飛び上がっているのは、羽根の使い方がこのようでは、飛ぶことはできないだろう。

3 (1)『枕草子《まくらのそうし》』『浮世《うきよ》草子』の「さうし」である。(2)「いはんや」は、動詞「いは」＋助動詞「ん」＋助詞「や」。また、「ん」は、推量の助動詞「む」の**撥《はつ》音便形**。(3) Aにはラ行変格活用の動詞「あり」の**連体形**が、Bには**未然形**が入る。〔ら・り・り・る・れ・れ〕

現代語訳

昔から他人の作品の書物には序文を書かない。ましてや他人の作品を自分の名前で出版などいたしますことは、あってはならないことである。

4 a「侍り」は、ラ行変格活用の動詞「あり」の丁寧《ていねい》語。b「思ふ」は、ハ行四段活用の動詞。

現代語訳

a　読み書きのできない人は頭をかたむけて、「『かんにん』とは四字ではありませんか」と指を使って数え、～

b「～どうおっしゃっても、私たちは四字だと思いますので、四字でかんにんはいたします」と言ったところ、～

ここに注意

文語のラ行変格活用の動詞には、「あり」「をり」「侍り」「いまそかり」の四語がある。

5 A「いみじかり」は、**形容詞**「いみじ」の連用形。B「入れ（よ）」は、ラ行下二段活用の**動詞**「入る」の命令形。C「笑ひ」は、ハ行四段活用の**動詞**「笑ふ」の連用形。D「同じ」は、**形容詞**の終止形。E「住ま」は、マ行四段活用の**動詞**「住む」の未然形。

現代語訳

呂尚父の妻は、（呂氏が勉強ばかりしているので）一緒《いっしょ》に住むのが嫌《いや》になって、家から出て行った。（その後、）呂氏が、王の学問の先生となって、すばらしく高い位についたときに、家を出た妻が再び帰って来て、元のように一緒に住むことを心から望んだ。そのときに、呂氏は、桶を一つ取り出して来て、（妻に向かって）「これに水を入れよ」と言ったところ、（妻は呂氏の）言うままに水を入れた。「桶の水をこぼしなさい」と言ったので、（妻は）桶の水をこぼした。そこで（呂氏は）、「（こぼした水を）元のように桶にもどしなさい」と言うと、呂氏の妻は笑いながら、「土にこぼした水は、どうして元のように桶に返すことができましょうか。決してできはしません」と言った。呂氏が言うには、「お前が、私との縁を切ってしまったのは、桶の水をこぼしたのと同じことだ。いまさら、どうしてこの家に帰って来て一緒に住むことなどできようか。いや、決して住むことはできはしない」と言った。

6 「問ひ申す」の「申す」は補助動詞で、謙譲を表す。〔お尋《たず》ね申し上げる〕また、「いらへ給ふ」の「給ふ」は補助動詞で、尊敬を表す。〔お答えになる〕

現代語訳

今となっては昔のことだが、唐《とう》の時代に、孔子が道を歩いていらっしゃると、八歳《さい》ぐらいの子どもに会った。その子が孔子にお尋《たず》ね申し上げたのは、「太陽が入る場所と唐の洛陽の都とでは、どちらが遠いのか。」と。孔子がお答えなさったことには、「太陽が入る所は遠い。洛陽は近い。」と。子どもが申し上げたことには、「太陽が出たり入ったりする場所は見える。（しかし、）洛陽はまだ見たことがない。だから、太陽が出る場所は近い。洛陽は遠いと思う。」と申し上げたので、孔子は賢《かしこ》い子だと感心なさった。

7 ア「さぶらふ」は、「仕える」の**謙譲語**。〔お仕え申し上げる〕 イ「きこしめす」は、「聞く」の**尊敬語**。〔お聞きになる〕 ウ「給ふ」は、この場合は**尊敬の補助動詞**。「語らせ給ふ」で尊敬の意味になる。〔お話しになる〕 エ「ご覧ず」は、「見る」の**尊敬語**。〔ご覧になる〕 オ「のたまはす」は、「言う」の**尊敬語**。〔おっしゃる〕

ここに注意

「きこしめす」は、「聞く」だけではなく、「食べる」（お食べになる）「飲む」（お飲みになる）などの尊敬語でもある。

現代語訳

高貴な人の御前に、女房《にょうぼう》たちがたくさんお仕え申し上げていたとき、昔あったことであっても、今お聞きになられたり、世間であれこれと言っていることであっても、（定子《ていし》中宮様が）お話しなさるのに、私のほうをご覧になって（私と）目を合わせておっしゃるのは、たいへんうれしい。

21 助動詞・助詞／係り結び

Step 1 解答 94～95ページ

1 ア・エ
2 ❶オ ❷ア ❸エ
3 イ
4 A オ　B イ
5 (1) A イ　B ウ　(2) A ア　B エ
6 (1) ウ　(2) エ

解説

1 例文の「に」は、場所を示す**格助詞**。アは場所を示す格助詞。イは形容動詞「ほのかなり」の連用形の活用語尾《ごび》。ウは副詞「あまりに」の一部。エは場所を示す格助詞。オは完了の助動詞「ぬ」の連用形。

ここに注意

副詞の「あまりに」などは、活用のない自立語なので、「活用語尾」ではなく、「一部」という。

2 ①単純な接続を示す**接続助詞**〔…と〕。②**形容動詞**「豊かなり」の連用形活用語尾。③時間を示す**格助詞**〔…（うち）に〕。

現代語訳

竹取の翁が、竹を取るとき、この子どもを見つけてから後に、竹を取ると、竹の節の間の、筒《つつ》ごとに、黄金《こがね》がつまっている竹を見つけることが重なった。こうして翁はだんだんと生活が豊かになっていく。この子どもは養っているうちに、すくすくと大きく成長していく。

3 例文の「ぬ」は、完了の**助動詞**「ぬ」の終止形。アはナ行下二段活用の動詞「尋ぬ」の終止形の活用語尾。イは完了の助動詞「ぬ」の終止形。ウはナ行変格活用の動詞「死ぬ」の終止形の活用語尾。エは打ち消し（否定）の助動詞「ず」の連体形。

ここに注意

完了の助動詞「ぬ」は、活用する語の連用形に接続する。打ち消しの助動詞「ぬ」（「ず」の連体形）は活用する語の未然形に接続する。

4 A「やみ」は、マ行四段活用の動詞「止む」の連用形なので、「ぬ」は**完了の助動詞**。Bあとに続く「公達」が名詞なので、「ぬ」は**打ち消し（否定）の助動詞「ず」**の連体形。

5 ⑴Aの「の」は名詞「端」を修飾《しゅうしょく》しているので、連体修飾語。Bの「の」は「柑子の木であって、しかも枝も（実が）たわわな木」という意味になるので、同格。⑵アは連体修飾語であることを表す〔連体修飾格〕。イは体言と同じ働きをすることを表す〔準体言〕。ウは「まるで～のような」という意味を表す〔比喩〕。エは「～であって、しかも～である」という意味を表す〔同格〕。

6 ⑴係助詞「なむ」の結びは**連体形**なので、過去の助動詞「けり」の連体形「ける」が入る。⑵係助詞「こそ」の結びは**已然《いぜん》形**なので、形容詞「をかし」の已然形「をかしけれ」が入る。

Step 2 解答 96～97ページ

1 ❶エ ❷形容動詞「はるかなり」の連用形の活用語尾。

2 ❶ウ ❷完了の助動詞「ぬ」の終止形。

3 ❶ア ❷主格を示す格助詞。

4 ⑴❶ウ ❷オ・カ ❸ア・イ ❹エ
⑵❶ⓐア ⓒエ
❷ⓑ打ち消しの助動詞「ず」の連体形。
ⓓ強意の助動詞「ぬ」の終止形。
⑶Aわろき Bある C鳴く ⑷連体

5 ❶すれ ❷多かる ❸をかしけれ ❹らるれ ❺見ゆれ

解説

1 例文の「に」は、**形容動詞「はるかなり」の連用形の活用語尾**。アは副詞「ことに」の一部。イは副詞「しきりに」の一部。ウは完了の助動詞「ぬ」の連用形。エは形容動詞「うれしげなり」の連用形の活用語尾。オは対象を示す格助詞。

ここに注意
エ「うれしげに」の「げ」は、「らしくみえる」「そのようである」などの意味を表す接尾語で、ここでは形容詞「うれし」について形容動詞「うれしげなり」の語幹になっている。

2 例文の「ぬ」は、**完了の助動詞「ぬ」の終止形**。アは打ち消し（否定）の助動詞「ず」の連体形。イはナ行変格活用の動詞「死ぬ」の終止形の活用語尾。ウは完了の助動詞「ぬ」の終止形。エはナ行変格活用の動詞「往ぬ」の終止形の活用語尾。オは打ち消し（否定）の助動詞「ず」の連体形。

ここに注意
「来ぬ」は、助動詞「ぬ」が完了の助動詞のときは「きぬ」（来た）と読み、打ち消しの助動詞のときには「こぬ」（来ない）と読む。

3 アは**主格**を示す格助詞。ほかは**連体修飾格**を示す格助詞。

現代語訳
三蔵法師が、仏教の布教のために十七年間、中国の百三十の国々と、インド全土を巡回《じゅんかい》なさった。（その途中《とちゅう》で）五百回も盗賊《とうぞく》の被害《ひがい》にあって、すべて盗まれてしまわれたので、月氏国の人々が集まって（お見舞《みま》いのために）法師をお訪ね申し上げたが、（法師）は少しもお嘆きになっている様子はなかったので…。

4 ⑴「に」には①～④の用法以外に、完了の助動詞「ぬ」の連用形、断定の助動詞「なり」の連用形もよく見られる。⑵①文中のⓐ・ⓒ、選択肢《せんたくし》ア～オはすべて**格助詞**。ⓐは連体修飾格、ⓒは主格、アは連体修飾格、イは準体言、ウは比喩《ひゆ》、エは主格、オは同格。②ⓓのように、直後に助動詞「べし」が続く場合は、「ぬ」は強意の助動詞。⑶Aは係助詞「ぞ」があるので、形容詞「わろし」の**連体形**。Bは係助詞「なむ」の結びなので、ラ行変格活用の動詞「あり」の**連体形**。Cは係助詞「ぞ」の結びなので、カ行四段活用の動詞「鳴く」の**連体形**。⑷「いかが」は、副詞「いかに」に係助詞「か」がついた「いかにか」が、「いかんが」と撥音《はつ》便化し、「ん」を表記しない形。したがって、「か」の結びは、推量の助動詞「む」の**連体形**。

ここに注意
⑵格助詞「の」の用法の中で、同格の「の」は、現代語訳を求める問題もあるので、注意したい。

現代語訳
鶯は、漢詩漢文などでもすばらしいものとして作り、その鳴き声をはじめとして、姿かたちもあれほど上品でかわいらしいわりには、宮中で鳴かないのが本当によくない。人が、「宮中では（鶯が）鳴かない」と言ったのを、「そんなことはあるまい」と（私は）思っていたのに、十年ばかり宮仕えして注意していたところ、本当に（その言葉通り）まったく音もしなかった。そのくせ、（皇居の庭の）竹の近くに紅梅もあって（鶯が）たびたびくるのによい場所だと思われる。（ところが、宮中から）退出して聞くと、みすぼらしい家の見栄えもしない梅の木などには、うるさいぐらいに鳴いている。（また、）夜に鳴かないのも寝坊な気持ちがするけれども、今はどうしようもない。

5 ①はサ行変格活用動詞「す」の**已然形**。②は形容詞「多し」の**連体形**。③は形容詞「をかし」の**已然形**。④は自発の助動詞「らる」の**已然形**。⑤はヤ行下二段活用の動詞「見ゆ」の**已然形**。

現代語訳

どこであろうと、しばらく旅に出ているときは、目の覚めるような気持ちがするものだ。そのあたりを、あちらこちらと見歩いていると、田舎《いなか》びたところや、山中の人里などでは、たいへん見慣れないことばかりが多くあるものだ。都へつてを求めて手紙を送り、「あのことやそのことは、都合のいいときに（やってください）、忘れないように」などと言いやるのはまことにおもしろいものである。そのようなところでは、いろいろなことに気をくばるようになるものだ。持っている調度品まで、りっぱなものはよりよく見え、（芸能の）才能のある人や、姿形の美しい人も、常日頃《ひごろ》よりはずっと美しく見えるものである。

Step 3 解答 98〜99ページ

1 (1) A いえり　B したがいて
(2) a 飼ひ　b 呼び　c 刺し
d とまり
(3) ける
(4) ❷いふ　❸いふ　❹あり

2 (1) ❶オ　❷オ　❸ア　❹エ　❺ウ
(2) B・接続

3 (1) イ
(2) A けれ　B 言ひ難き　C ける
D をかしけれ
(3) ひょうえ

4 ❶オ　❷ウ　❸ア　❹エ　❺ク
❻オ

解説

1 (1)Aの「いへり」の「へ」、Bの「したがひて」の「ひ」などの**ハ行音**は、現代仮名遣《かなづか》いでは**ワ行音**になる。(2)以下の四段活用動詞の連用形が入る。a飼ふ、b呼ぶ、c刺す、dとまる。(3)係助詞「ぞ」の結びの語は、**連体形**である。(4)②は「言ふ」の尊敬語。③は「言ふ」の謙譲《けんじょう》語。④は「あり」の尊敬語。

現代語訳

総じて、蜂は小さな虫だけれども、温かく賢い心があると言う。

だから、京極太政大臣宗輔公は、蜂をたくさんお飼いになって、「なんとか丸」「かんとか丸」と名前をつけて、お呼びになると、（宗輔公の）お召しにしたがい、（京極家に）仕えている侍などをこらしめなされるときには、「なんとか丸よ、誰《だれ》それを刺して来なさい。」とおっしゃると、（蜂は）その通りに振る舞った。

（宮中に）出仕のときは牛車の両側の物見窓に、（蜂が）乱れ飛んでいたのを、「（牛車に）とまれ。」とおっしゃったので、（蜂は牛車に）とまった。世間の人は（宗輔公のことを）「蜂飼いの大臣」と申していた。（宗輔公は）不思議な徳が、おありになった人だ。

2 (1)①は動作の範囲《はんい》を示す**副助詞**。②は動作の起点を示す**格助詞**。③**形容詞**「親し」の連体形。④は比況《ひきょう》の**助動詞**「ごとし」の連用形。⑤は**副詞**（二つの事柄《ことがら》が同時に進行していることを示す）。(2)Bは接続助詞、ほかは格助詞。

現代語訳

露通もこの敦賀《つるが》（福井県南部）の港まで私を迎えに出て来て、美濃の国（岐阜県）まで（露通と）一緒《いっしょ》に行く。（旅の途中《とちゅう》は）馬に助け乗せられて大垣に入ると、曾良も伊勢からやって来て、越人も馬を走らせて（来て）、如行の家にみな集まった。

前川子や荊口親子をはじめとして、そのほかの親しい人々が夜も昼も訪ねて来て、まるで生き返ってきた者に会うかのように、私の無事を喜んでくれたり、私をいたわってくれたりする。長旅の疲《つか》れからくる重い気分がまだ抜《ぬ》けきらないうちに、九月六日になったので、伊勢神宮の遷宮式を拝もうと、また舟に乗って、（新しい旅に出るのであった。その別れにあたって、次の句を詠《よ》んだ。）

蛤のふたみにわかれ行く秋ぞ

〔離《はな》れがたい蛤の身と殻《から》とが分かれるかのように、見送ってくれる人々と別れがたいなごり惜《お》しさを感じながら、私は伊勢の二見《ふたみ》が浦《うら》を見に行く。折しも季節は晩秋なので、別れの寂《さび》しさがいっそう身にしみて感じられる。〕

3 (1)①・②・④の「の」は**連体修飾格**《しゅうしょく》（〜の）を示す格助詞、③は**主格**（〜が）を示す格助詞。
(2)Aは係助詞「こそ」の結びなので、過去の助動詞「けり」の**已然形**《いぜん》が入る。Bは係助詞「なむ」の結びなので、形容詞「言ひ難し」の**連体形**が入る。Cは係助詞「ぞ」の結びなので、過去の助動詞「けり」の**連体形**が入る。Dは係助詞「こそ」の結びなので、形容詞「をかし」の**已然形**が入る。
(3)歴史的仮名遣《かなづか》いの「やう」は現代仮名遣いでは「よう」であり、ワ行音の「ゐ・ゑ・を」は「い・え・お」である。

現代語訳

先帝の村上天皇の御代《みよ》に雪がたくさん降り積もったのを、器《うつわ》にお盛らせなさって、（その器の雪に）梅の花をさして、月がたいへん明るいときに、「これについて歌を詠みなさい。どのように詠めるか。」と兵衛《ひょうえ》の蔵人《くらうど》にお与《あた》えになられたところ、（蔵人は）「雪月花の時。」と（帝《みかど》に）申し上げましたのを、たいそうおほめになられた。「歌などを詠むのは普通《ふつう》のことである。このようにそのときに合ったことは、なかなか言えないものだ。」と（帝は）おっしゃられた。

同じ人（兵衛の蔵人）をお供につれて、皇居の控《ひか》えの間にだれもお仕えする者がいなかったとき、（帝が）たたずんでいらっしゃると、炭櫃（いろり）に煙《けむり》が立ち昇《のぼ》ったので、「あれは何（の煙）か見て参れ。」とおっしゃったので、（兵衛の蔵人は）見て戻《もど》ってきて、

わたつ海の沖にこがるる物みればあまの釣してかへるなりけり

〔海の沖の方に漕《こ》がれている物を見ると、それは漁師が釣《つ》りをして帰っていく舟であった。〕

〔いろりの熾《お》き（炭火）の中で焦《こ》げている物を見ると、それは蛙であった。〕

と申し上げたのは面白いことであった。（その煙は、いろりに）蛙が飛び込《こ》んで焼けたのだった。

4 ①は形容詞「腹あしき」を修飾する**副詞**。②は**形容詞**「腹あし」の連体形。③は「そば・あたり」の意味の**名詞**。④は**形容動詞**「大きなり」の連体形。⑤は推量の**助動詞**「べし」の未然形。⑥は夕行四段活用の動詞「腹立つ」を修飾する副詞。

現代語訳

藤原公世の二位の兄弟で、良覚僧正と申し上げた方は、ひどく怒《おこ》りっぽい人であった（と言われている）。（良覚僧正の）住まいのそばに、大きな榎《え》の木があったので、人々は、「榎木の僧正」と呼んだ（という）。（僧正は）この名前はけしからんと言って、その木をお切りになってしまった（という）。（しかし、）その根が残っていたので、（人々は）「切り株の僧正」と言った（という）。（僧正は）ますます腹を立てて、切り株を掘り捨てたところ、その跡が大きな堀になっていたので、「堀池の僧正」と言った（ということだ）。

高校入試総仕上げテスト❶

解答 100〜101ページ

❶ (1) 3 (2) 7 (3) 10 (4) 6

❷ 決まらなかった（。）

❸ ウ

❹ ない（形容詞）｜こと（名詞）｜も（助詞）｜なかっ（形容詞）｜た（助動詞）

❺ イ

❻ ウ
❼ 好ましい・形容詞　限ら・動詞
❽ ア・形容動詞
❾ ❶オ　❷ク　❸イ　❹エ　❺ア　❻ウ　❼ケ　❽イ

解説

❶ (1)食べ物を｜わけて｜くれませんか。(2)あなたは｜なぜ、｜夏の｜あいだに｜食料あつめを｜して｜おかなかったんだね。(3)川の｜向こうに｜見える｜青い｜屋根の｜建物が、｜僕《ぼく》の｜住んで｜いる｜マンションです。(4)山口君は｜国語だけで｜なく、｜数学や｜理科も｜得意だそうです。

❷ 「とうとう」は副詞なので、**用言**を修飾する。

❸ 連用修飾語は**用言**を修飾。アとイの——線部はそれぞれ「人」「人形」という名詞を修飾している。ウは「咲《さ》いた」という動詞を修飾。エは主語。

❺ 例文の「染まる」は、**五段活用**の動詞の終止形。アの「し」は、サ行変格活用の動詞「する」の連用形。イの「読む」は、五段活用の動詞「読む」の連体形。ウの「用いれ」は、上一段活用の動詞「用いる」の仮定形。エの「乗せる」は、下一段活用の動詞「乗せる」の連体形。

ここに注意
ア「寒かっ」は形容詞、イ「休み」は名詞、「ゆっくりと」は副詞、ウ「簡単だ」、エ「必要だ」は形容動詞である。

❻ アは五段活用の動詞「ある」の連用形。イは五段活用の動詞「歩む」の連用形（撥《はつ》音便）。ウは五段活用の動詞「思う」の**連体形**。エは五段活用の動詞「なる」の連用形。

❼ ——線部を品詞分解すると、次のようになる。
生活者（名詞）｜に（助詞）｜も（助詞）｜好ましい（形容詞）｜と（助詞）｜は（助詞）｜限ら（動詞）｜ない（助動詞）

❽ 例文の「ずっと」は、形容詞「難しい」を修飾する**副詞**。アは「庭」を修飾する形容動詞「身近だ」の連体形。イは形容詞「なく」を修飾する副詞。ウは形容動詞「本質的な」を修飾する副詞。エは動詞「使われ」を修飾する副詞。オは動詞「持っ」を修飾する副詞。

❾ ①は下一段活用の動詞「出」を修飾する副詞。②は可能の助動詞「れる」の連体形。③は五段活用の動詞「ぬかるむ」の連用形が撥音便化したもの。④は形容動詞「静かだ」の連体形。⑤は名詞。⑥は形容詞「ない」の連用形。⑦は接続助詞「たり」が濁音《だくおん》化したもの。⑧はサ行変格活用の動詞「する」の連用形。

高校入試総仕上げテスト❷

102～104ページ

解答

❶

動詞 命令形	助詞	動詞 未然形	助動詞 連体形	形容詞 連体形
伸びよ	と	祈ら	せる	強い

名詞	助動詞 連用形	助動詞 終止形
いじらしさ	だっ	た

❷ (1)形容詞　(2)連体詞　(3)助動詞
❸ (1)イ　(2)ウ　(3)エ　(4)エ　(5)エ　(6)ウ　(7)エ
❹ (1)イ　(2)ウ
❺ A召し上がる　Bいらっしゃる　Cご覧になる　Dおっしゃる
❻ ❶おおやけ　❷うけたまわり　❸まいる　❹なん　❺たまえ
❼ (1)A名乗ら　B名乗り　C名乗ら
(2)候へ
(3)❷まさのうも　❸よわい
(4)形容動詞
(5)❺尊敬　❻謙譲
(6)心苦しく

解説

❶ それぞれの語の品詞分解は、次のようになる。
伸びよ（上一段活用の動詞「伸びる」の命令形）｜と（格助詞）｜祈ら（五段活用の動詞「祈る」の未然形）｜せる（使役《しえき》の助動詞「せる」の連体形）｜強い（形容詞「強い」の連体形）｜いじらしさ（名詞）｜だっ（断定の助動詞「だ」の連用形）｜た（過去の助動詞「た」の終止形）

ここに注意
「いじらしさ」は形容詞「いじらしい」の語幹に接尾語《せつび》「さ」がついた転成名詞である。

❷ (1)は**形容詞**「ない」の連体形。(2)は**名詞**「気持ち」を修飾する連体詞。(3)は打ち消し（否定）の

助動詞「ない」の終止形。

❸ (1)例文の「親しみ」は**名詞**（形容詞「親しい」の語幹に接尾語《せつび》「み」がついた転成名詞）。**ア**は名詞「サイズ」を修飾《しゅうしょく》する連体詞。**イ**は名詞（形容詞「悔しい」の語幹に接尾語「さ」がついた転成名詞）。**ウ**は打ち消しの語を伴《ともな》う陳述《ちんじゅつ》（呼応）の副詞。**エ**は形容詞「喜ばしい」の連用形。(2)例文の「いる」は、**補助動詞**。**ア**は五段活用の動詞「いる」の終止形。**イ**は上一段活用の動詞「用いる」の終止形の一部。**ウ**は補助動詞の「いる」。**エ**は五段活用の動詞「いる」の終止形。(3)例文の「痛かっ」は、**形容詞**「痛い」の連用形である。**ア**は名詞（形容詞「痛い」の語幹に接尾語「み」がついた転成名詞）。**イ**は五段活用の動詞「痛む」の未然形。**ウ**は五段活用の動詞「痛がる」の終止形。**エ**は形容詞「痛い」の仮定形。(4)例文の「さて」は、話題を転換《てんかん》するときに用いる**接続詞**。**ア**は疑問の語を伴う陳述（呼応）の副詞。**イ**は名詞「姿勢」を修飾する連体詞。**ウ**は名詞「それ」＋格助詞「に」。**エ**は話題を添加《てんか》するときに用いる接続詞。(5)例文の「ばかり」は、**限定**を示す副助詞である。**ア**は理由・原因を示す。**イ**は程度を示す。**ウ**は物事の直後であることを示す。**エ**は限定を示す。(6)例文の助動詞「れる」は、**受け身**。**ア**は自発。**イ**は尊敬。**ウ**は受け身。**エ**は尊敬。(7)例文の「つつ」は、**確定の逆接**を示す接続助詞。**ア**と**イ**は動作の並行《へいこう》を示す接続助詞。**ウ**は動作・作用が今も進行・継続《けいぞく》していることを示す接続助詞。**エ**は確定の逆接を示す接続助詞。

ここに注意

(2)「書いている」や「並んでいる」の「いる」は、動詞の「書く」や「並ぶ」に意味をそえる働きの補助動詞である。(6)「おられる」は、五段動詞「おる」の未然形に尊敬の助動詞「れる」がついたものである。尊敬語の「いらっしゃる」と同意である。

❹ (1)例文の「とらわれ」は、**名詞**。**イ**は形容詞「よい」の連体形。(2)例文の「しきりに」は、**副詞**。**ウ**「たまらなく」は形容詞「たまらない」の連用形。

❼ (1)Aには**未然形**、Bには**連用形**、Cには**未然形**が入る。(2)係助詞「こそ」の結びは**已然形**。(4)ナリ活用の形容動詞「美麗なり」の連用形。(5)⑤は尊敬の動詞（おっしゃる）で、⑥は謙譲《けんじょう》の補助動詞（お討ち申し上げる）。(6)シク活用の形容詞「心苦し」の**連用形**が入る。

現代語訳

熊谷は、「そこにおられるのは大将軍だとお見受けいたします。卑怯にも敵に背中をお見せになるのですな。おもどりなさい。」と扇をあげて招くと、招かれて引き返してきた。波打ちぎわにさっと上がろうとするところに、(馬を)並べてむんずと組んでどしんと(馬から)落ち、(相手を)取り押さえて首を切ろうとかぶとをあげて見ると、年は十六、七くらいの者で、薄く化粧をしていて、歯を黒く染めている。自分の子の小次郎くらいの年《ねん》齢《れい》で、顔立ちはとても美しかったので、どこに刀を刺《さ》したらよいのかもわからない。

「そもそもあなた様はどういうお方でいらっしゃいますか。お名乗りください。お助けいたしましょう。」と申し上げると、「お前は誰《だれ》だ。」と尋《たず》ねられる。「たいした者ではありませんが、武蔵の国の住人、熊谷次郎直実。」と名乗り申し上げた。「それではおまえに対しては名乗る必要はない。おまえにとってはよい敵だ。(私が)名乗らなくても私の首を取って人に尋ねてみよ。誰でも知っているであろう。」とおっしゃった。熊谷は、「ああ、立派な大将軍だなあ。この人お一人をお討ち申し上げたとしても、負けるはずの戦《いくさ》に勝てるわけでもない。また、お討ち申し上げなくても、勝つはずの戦に負けることもまさかなかろう。小次郎が軽い傷を負っても、直実はつらく思っているのに、この方の父上が、(わが子が)討たれたと聞いて、どれほどお嘆きになることだろう。ああ、お助け申し上げたい。」と思って、後ろのほうをさっとふり返ると、土肥や、梶原が率いる軍勢が五十騎ばかりで続いてやってくる。